Dirk Mölleken

Bitcoin

Geld ohne Banken · ist das möglich?

Bachelor + Master
Publishing

Mölleken, Dirk: Bitcoin. Geld ohne Banken - ist das möglich?, Hamburg, Diplomica
Verlag GmbH 2012
Originaltitel der Abschlussarbeit: Bitcoin, eine neue Art von Geld

ISBN: 978-3-86341-425-2
Druck: Bachelor + Master Publishing, ein Imprint der Diplomica® Verlag GmbH,
Hamburg, 2012
Zugl. Fern-Hochschule Hamburg, Hamburg, Deutschland, Diplomarbeit, Juni 2012

Bibliografische Information der Deutschen Nationalbibliothek:
Die Deutsche Nationalbibliothek verzeichnet diese Publikation in der Deutschen
Nationalbibliografie; detaillierte bibliografische Daten sind im Internet über
http://dnb.d-nb.de abrufbar.

Die digitale Ausgabe (eBook-Ausgabe) dieses Titels trägt die ISBN 978-3-86341-925-7
und kann über den Handel oder den Verlag bezogen werden.

Inhaltsverzeichnis

Abbildungsverzeichnis

Formelverzeichnis

Tabellenverzeichnis

Listings

Abkürzungsverzeichnis

ASIC .... $\underline{A}$pplication $\underline{S}$pecific $\underline{I}$ntegrated $\underline{C}$ircuit

CPU .... $\underline{C}$entral $\underline{P}$rocessing $\underline{U}$nit

DNS .... $\underline{D}$omain $\underline{N}$ame $\underline{S}$ystem

FPGA .... $\underline{F}$ield $\underline{P}$rogrammable $\underline{G}$ate $\underline{A}$rray

KB .... $\underline{K}$ilo $\underline{B}$yte

MMOFPS .... $\underline{M}$assively $\underline{M}$ultiplayer $\underline{O}$nline $\underline{F}$irst $\underline{P}$erson $\underline{S}$hooter

MMORPG .... $\underline{M}$assively $\underline{M}$ultiplayer $\underline{O}$nline $\underline{R}$ole $\underline{P}$laying $\underline{G}$ame

UPnP .... $\underline{U}$niversal $\underline{P}$lug a$\underline{n}$d $\underline{P}$lay

1. Einleitung

Am 01.11.2008 veröffentlichte ein Mitglied der Cryptography Mailingliste unter dem Pseudonym Satoshi Nakamoto ein White-Paper mit dem Titel „Bitcoin: A Peer-to-Peer Electronic Cash System". In diesem White-Paper wird ein dezentrales, elektronisches Geldsystem beschrieben, das ohne Banken auskommt. (NAKAMOTO 2008)

Bereits am 09.01.2009 stellte Satoshi Nakamoto den ersten Bitcoin-Client vor. Mit diesem Programm konnten Bitcoin erzeugt, empfangen und versendet werden. Der Startschuss war gefallen. Anfangs war es nur eine kleine, eingeschworene Gemeinschaft von Cyberpunks, die ihre CPU mit Hilfe des Bitcoin-Clients zum Glühen brachten, um Bitcoins zu erzeugen. Ein Algorithmus sorgt dafür, dass ca. alle 10 Minuten durch das Lösen einer mathematischen Aufgabe ein Block und damit z.Z. gleichzeitig 50 Bitcoins erzeugt werden.(BITCOIN.ORG 2012a)

Es dauerte nicht lange, bis Programmierer auf die Idee kamen, anstatt der CPU, die um ein vielfaches leistungsfähigeren Shaddereinheiten ihrer Grafikkarten zur Erzeugung von Bitcoins zu nutzen. Hochleitungs-Grafikkarten wurden so zusammengeschaltet, dass über Erweiterungen mehrere Grafikkarten gleichzeitig auf einem Mainboard am Bitcoin schürfen sind. Nun waren es nicht nur Wenige, die am Bitcoinsystem teilhaben wollten. Ein wahrer Goldrausch entstand, der seinen Höhepunkt Mitte 2011 erreichte.

Der Wert der Bitcoins, der noch im Dezember 2010 bei ca. 0,20 Dollar lag, überschritt im Juni 2011 die 28-Dollar-Marke. Die Early-Adapters, die ihre erzeugten Bitcoins nun verkauften, machten ein Vermögen. Die Blase platzte und der Kurs brach ein. Im Juni 2012 lag der Wert bei 5,44 Dollar.(BITCOIN CHARTS 2012b)

Die in dem Bitcoincode eingebaute Anpassung der Schwierigkeit zur Lösung der mathematischen Aufgabe bedingt, dass sich bei Erhöhung der Bitcoin-Netz-Rechenleistung auch der Rechenaufwand zur Erzeugung von Bitcoins vergrößert, so dass das Erzeugen von Bitcoins mit einer CPU fast nicht mehr möglich ist. Mit Hilfe einer Grafikkarte lohnt es sich nur noch in Regionen, in denen der Strompreis recht niedrig ist. Um der Strompreisfalle zu entgehen, wird z.Z. verstärkt auf FPGA-Mining umgeschwenkt.

Was ist an Bitcoin so außergewöhnlich, dass Jason Calacanis es „Das gefährlichste Projekt aller Zeiten (CALACANI 2011)" nannte, der BVDW Verbraucher und Händler vor der Nutzung von Bitcoin warnte (BVDW 2011)und sogar der

Spiegel einen Artikel darüber veröffentlichte?(STÖCKER 2011)

Der Grund dafür ist, dass Bitcoin einige Eigenschaften hat, das Staaten die Hoheit über Teile der Geldpolitik entzieht.

- Die Ausgabe neuer Bitcoins wird durch eine mathematische Formel definiert.

- Die Geldmenge ist auf eine fixe Menge festgelegt.

- Für die Transaktion von Bitcoin bedarf es keiner zwischengeschalteter Bank.

- Transaktionen im Bitcoin-Netz kennen keine Landesgrenzen und können daher von staatlicher Seite nicht kontrolliert oder unterbunden werden.

- Jede Transaktion wird in der Bitcoin-Chain gespeichert und ist für jeden einsehbar.

- Solange sich die Transaktionen nur innerhalb des Bitcoin-Netzes abspielen, kann eine hohe Anonymität erreicht werden.

Dieses Buch erklärt das System **Bitcoin**, ordnet es in das bestehende Geldsystem ein und versucht einen Blick in die Zukunft.

Im **ersten Kapitel** des Buches wird die Problemstellung erörtert, Ziele definiert und der inhaltliche Rahmen abgesteckt.

Im **zweiten Kapitel** wird die Geschichte des Geldes skizziert, um die historisch gewachsene Art des heutigen Geldes und warum es immer wieder zu einem Kollaps der Geldsysteme kam, zu verstehen.

Im **Kapitel drei** werden die Formen und Funktionen von Geld erörtert, wie die Geldmenge definiert ist und wie sie sich erhöht. Die Theorie des Geldes wird insoweit angeschnitten, wie es im Zusammenhang mit der Einordnung von Bitcoin notwendig ist, insbesondere der Zusammenhang der unkontrollierbaren Giralgeldvermehrung der Banken.

Wer hat Bitcoin erfunden? Welche Eigenschaften hat Bitcoin? Ist Bitcoin sicher? Diese Fragen beantwortet **Kapitel vier**.

Kapitel fünf erklärt die technische Seite von Bitcoin. Welche Verschlüsselungen werden verwendet? Wie ist das Netzwerk strukturiert? Wie entstehen die Bitcoins?

Das **sechste Kapitel** beantwortet praktische Fragen. Wo bekomme ich Bitcoin her und was kann ich damit anfangen? Hierbei werden unterschiedliche Plattformen genannt, mit deren Hilfe Bitcoins gekauft werden können. Es wird erklärt, wie das Bitcoinmining praktisch vonstatten geht.

Das **siebte Kapitel** schlägt die Brücke zwischen dem derzeitigen Geldsystem und Bitcoin. Wie lässt sich Bitcoin einordnen? Wie ist die derzeitige Situation und sind die Zukunftsaussichten von Bitcoin? Was sollte verbessert werden?

2. Historie des Geldes

Die ersten Gesellschaftsformen der Jäger und Sammler lebten nur von dem, was sie tagtäglich jagten oder sammelten. Sie legten keine Vorräte an und betrieben keinen Handel. Sie benötigten kein Geld und können, wie an heutigen Stämmen, die noch als Jäger und Sammler leben zu sehen ist, mit dem Begriff Geld überhaupt nichts anfangen. (vgl. FERGUSON 2011: 21) Erst mit dem Übergang der Jäger und Sammler-Gesellschaften zu Ackerbau und Viehzucht entwickelten sich mit der Zunahme der Bevölkerung durch das erhöhte Nahrungsangebot Dörfer und Städte. Dies wird auch als Neolitische Revolution bezeichnet und begann vor ca. 10.000 Jahren. Die Gesellschaft strukturierte sich zunehmend und entwickelte die Arbeitsteilung. (vgl. REICHHOLF 2010: 223 ff.) „Arbeitsteilung erforderte indessen den Austausch von Leistungen, im fortgeschrittenen Stadium einen entwickelten Handel(WALKER 2009: 9)."

2.1. Die Suche nach dem passenden Tauschpartner

Der Handel entwickelte sich aus dem Schenken heraus, wobei es dabei schon klare Gesetzmäßigkeiten gab, wie ein Beispiel aus der Antike durch einen Text von Herodot zeigt. Herodot berichtet von einem Volk jenseits der Säulen des Herakles, die von den Carthager besucht wurden und ihnen Geschenke darreichten. „...wenn sie zu diesen gekommen wären und ihre Waren ausgeladen und in einer Reihe am Strande hingelegt hätten, so begäben sie sich darauf in ihre Schiffe und machten einen Rauch sowie die Eingeborenen den Rauch sähen, eilten sie an das Meer, legten dann statt der Waren Gold hin und entfernten sich danach von den Waren. Die Carthager kämen dann aus den Schiffen heraus und sähen sich die Sachen an; erscheint ihnen das Gold an Wert den Waren gleich, so nehmen sie es weg und entfernten sich; erscheint es ihnen aber nicht angemessen, so kehrten sie in ihre Schiffe wieder zurück und bleiben liegen; dann treten die anderen herzu und legen noch weiteres Gold bei; bis dass es jenen recht[sic!] ist (HERODOT 2011: 401)." Diese Schilderung zeigt schon alle Merkmale modernen Handels, ein Preis wird festgelegt und erst dann geht das Eigentum an den jeweils Anderen über. Ob hier das Gold schon als Vorstufe zu Geld angesehen werden kann, kann nicht gesagt werden, es wird nicht berichtet, ob das Gold als allgemeiner Ersatz für Waren angesehen wurde. Das Tauschen von Waren, man musste den richtigen Tauschpartner am richtigen Ort zur richtigen Zeit finden, ist eine mühselige Angelegenheit und im größeren Stil fast unmöglich.(WALKER 2009: 10)

2.2. Von der Muschel zur Münze

Um der Mühsal, den richtigen Tauschpartner zu finden zu umgehen, einigten sich die Menschen auf Ersatzwaren, die allgemein als Tauschmittel anerkannt wurden. Kleidung wurde nicht mehr gegen Nahrungsmittel getauscht, Vieh nicht mehr gegen Futtermittel usw. Die Güter wurden gegen ein Ersatzgut getauscht.(NORTH 2009: 7) Es wurden z.B. „...Vieh, Muscheln, Häute, Sklaven und Metalle aller Art(WALKER 2009: 10)."als Geld oder allgemein gültiges Tauschobjekt benutzt. North bezeichnet es auch als Monetarisierungsgrad der Gesellschaft.(NORTH 2009: 8)

Eisler beschreibt eine ganze Reihe von Gegenständen, die als Geld verwendet wurden, z.B.:

- Zeuggeld von Yola in Niegeria

- Mattengeld von den neuen Hebriden

- Federgeld der Kahrokindianer von Kalifornien

- Eberhaerringe von Neu-Guinea und den Baksinseln

- Schädelgeld der Dajaks von Borneo

- Kaurinmuschel

- Buntperlen und Glasflußgeld der Palu-Inseln

- Mühlsteingeld von Yap

(WALKER 2009: 10)

Es wurden auch alle Arten von Metall als Tauschgut benutzt. Schon die Assyrer und Ägypter benutzten Silber als Tauschgut. Der Weg führte über Stangen, Barren, gestempelte Barren zu geprägten Münzen, die erstmalig im 7. Jahrhundert

v. Chr. von den Lydier erstellt wurden.(WALKER 2009: 10) Abbildung 1 zeigt
eine Lydische Münze.

Abbildung 1: Lydische Münze

Die Münzen hatten den Vorteil, dass sie nicht wie Metall-Barren erst ge-
prüft und gewogen werden musste. Mit den fertig geprägten Münzen konnte
man zählen und rechnen. Die Erfindung des Geldes ermöglichte eine Erleich-
terung des Handels und führte zu einem Aufblühen der Wirtschaft. Mit der Zunahme des Handels und der damit verbundenen Expansion musste die Menge
der im Umlauf befindlichen Münzen erhöht werden. Kriege und die damit verbundenen Kosten taten ihr Übriges. Die Metalle zur Herstellung der Münzen
wurden knapp. Münzen, deren Nennbetrag dem des Metallgehaltes entsprechen,
werden Kurantmünzen genannt.(vgl. HEUSS 1998: 132) Als Ausweg aus diesem
Mangel wurden das höherwertige Metall mit minderwertigen gemischt. Diese
Art von Münzen werden Scheidemünzen genannt.(HERDER/HERDER 1857: 68)
Eine Münzverschlechterung entstand und die Zunahme der Menge an Münzen
führte zur Inflation. Eine Übersicht in Tabelle 1 aus ägyptischen Papyrusfun-
den zeigt, dass das Problem der Inflation auch im alten Ägypten schon geläufig
war.(WALKER 2009: 11)

Tabelle 1: Inflation im alten Ägypten (nach EIS-
LER 1924: 173)

Art der Ware	Jahr	Preis[1]	Jahr	Preis[1]
1 Metze Weizen	255	16	314	10.000
1 Haus	267	2.000	307	3.840.000

[1] Preise in Drachmen

2.3. Das Zahlungsversprechen: Das Erste Papiergeld

Das erste Papiergeld stammt aus China, „Geschichtlich gesichertes Anweisungs-
Papiergeld zuerst zur Zeit der Tang-Dynastie (618-907); unverzinsliche Staats-
schatzscheine (pien-tsien), ausgegeben durch staatliche Geldstelle auf 65 Jahre,
aber alle drei Jahre einlösbar und zu 3/7 metallisch gedeckt (EISLER 1924: 219).“
Dieses Papiergeld war noch keine Geld nach unserem Verständnis, es war kein
Zahlungsmittel für die Allgemeinheit.

Abbildung 2: Banknote der Lawschen Banque Royale (EISLER 1924: 240)

Das erste Mal in Europa wurden Banknoten nach heutiger Art in Schweden im Jahr 1658 ausgegeben. (vgl. EISLER 1924: 216) Papiergeld nach den Ideen von John Law wurde in der Zeit von 1718 bis 1720 in Frankreich unter Ludwig XV. eingeführt, um den hoch verschuldeten Staat zu retten. Mit diesem neuen Papiergeld konnte der Staat wieder handlungsfähig gemacht werden und der Handel florierte, bis die Gier die Politiker dazu trieb, die Notenpressen Unmengen zu drucken. Dadurch kam es zur Inflation und das Experiment war gescheitert. (vgl. WALKER 2009: 163 ff.) Abbildung 2 zeigt eine Note der Banque Royal über 100 Livres Tournois vom 01.07.1720. 1873 wurde im Deutschen Reich die Reichsgoldwährung eingeführt. Die Banknoten konnten jederzeit in Gold eingetauscht werden. (vgl NORTH 2009: 151 ff.) Nach dem ersten Weltkrieg und der Hyperinflation und der damit verbundenen Abkehr vom Goldstandard wurde die Reichsmark eingeführt. Für Banknoten bestand eine Deckungsvorschrift von 40% Gold oder Devisen und für 60% mit erstklassigen Handelswechseln. (vgl. NORTH 2009: 191)

Der Goldstandard bezeichnet die Deckung einer Währung mit Gold, das heißt, dass jederzeit Banknoten und Münzen bei den Zentralbanken in Gold umgetauscht werden können. Es gibt damit eine Verpflichtung zur Konvertibilität. Dieser Idealzustand wird als Goldparität bezeichnet, die von 1873 bis 1914 im Deutschen Reich gegeben war. Wenn in einem Staat mit Goldstandard ungedecktes Papiergeld und Scheidemünzen in Umlauf gebracht wird, also das Geld nicht mehr mit dem Gold gedeckt ist, entsteht Inflation. Umgekehrt, wenn das Verhältnis, der im Umlauf befindlichen Geldmenge geringer als die Goldmenge ist, entsteht Deflation.

Die Vorteile des Goldstandards sind bei strikter Einhaltung der Goldparität, dass es zu keiner Inflation kommen kann. Der Nachteil kann sein, dass bei Vergrößerung der gesamtwirtschaftlichen Gütermenge nicht mit einer Ausweitung der Geldmenge reagiert werden kann. Dies führt zwangsläufig zur Deflation. Die

Geldmenge kann nur durch eine Erhöhung der Goldmenge erreicht werden. In der Literatur herrschen zwei gegenteilige Meinungen vor. Keynes vertritt die Ansicht, dass ein Goldstandard Wirtschaftskrisen begünstigt, durch die unzureichenden Interventionsmöglichkeiten des Staates.(vgl. KEYNES 2009: 193 f.) Friedmann hält dagegen, dass Interventionen durch den Staat erst die Krisen erzeugen.(vgl. FRIEDMAN 2011: 46)

Durch die beiden Weltkriege wurde es nicht mehr möglich, den Goldstandard zu halten. Der Versuch durch das Bretton-Woods-System, einen quasi Goldstandard über die Bindung der Wechselkurse mit dem Dollar zu erreichen, wurde spätestens 1973 aufgegeben.

2.4. Buchgeld

„Buchgeld sind Kontoguthaben auf Girokonten, die wiederum den Zahlungsverkehr ermöglichen. Elektronisches Geld ist eine Abwandlung des Buchgeldes und stellt vorausbezahlte Zahlungsmittel dar (TOLKMITT 2007: 106)." Bereits im Jahre 1609 wurde von der Bank von Amsterdam Buchgeld eingeführt. Dieses frühe Buchgeld wurde noch in Bücher eingetragen, daher der Name Buchgeld. Heutzutage wird der Anspruch von Buchgeld elektronisch gespeichert. Die Bank von Amsterdam garantierte eine sofortige Auszahlung in Münzen. Kontostände sind sogenannte Sichtguthaben . Der Begriff besagt, dass die Guthaben auf Sicht jederzeit in Bargeld umgetauscht werden müssen.(vgl. NORTH 2009: 112)

Buchgeld kann auf drei unterschiedliche Arten entstehen:

- Durch Einzahlung von Bargeld auf das Konto

- Durch Überweisung von einem anderen Konto

- Durch Aufnahme eines Kredites

Verwendet werden kann Buchgeld für folgendes:

- Überweisung auf ein anderes Konto

- Auszahlung in Bargeld

- Tilgung eines Kredites

- Ausstellen von Schecks und Wechseln

Durch Buchgeld kann die Geldmenge, wie in Kapitel 3.5 erläutert, um ein Vielfaches des von der Zentralbank geschaffenen Geldes wachsen. Nach der Geldmengendefinition der Europäischen Zentralbank gehört Buchgeld wie das Bargeld zu der Geldmenge M1 (s. Kapitel 3.4). Die Bargeldreservehaltung würde bei Weitem nicht ausreichen, um alle Buchgeldguthaben auszuzahlen. In der Geschichte ist es schon des Öfteren vorgekommen, dass Banken oder Währungen in Schieflage gerieten und ein sogenannter Bankenrun entstand. Viele Kunden der Bank wollten ihre Guthaben retten, indem sie sie von Konten abhoben und in Bargeld tauschten.

3. Theorie des Geldes

Wir sprechen immer davon, dass wir Geld haben, Geld ausgeben, Geld sparen, Geld verdienen. Was ist aber Geld? Fragen wir jemanden, bekommen wir Antworten wie, der Geldschein in meinem Portmonee ist Geld, die Zahl auf meinem Kontoauszug, die Münze, die ich in den Zigarettenautomat einwerfe. An diesen Antworten sehen wir schon, dass Geld verschiedene Formen haben kann.

3.1. Formen von Geld

Nach Mankiw kann Geld folgende Formen haben: (vgl. MANKIW 2000: 179-180)

- **Warengeld:** Waren mit einem inneren Wert, z.B. Gold

- **Nominalgeld:** hat keinen inneren Wert, der Wert bestimmt sich aus dem aufgedruckten Betrag

Abbildung 3 zeigt die Formen des Geldes nach Mankiw

Abbildung 3: Formen von Geld nach Mankiw

Wie in Abbildung 4 ersichtlich, differenzieren Samuelson und Nordhaus nach folgenden Kriterien:(vgl. SAMUELSON/NORDHAUS 1998: 179-180)

- **Warengeld:** Tauschmittel Geld in Form von Waren, z.B. Rinder, Olivenöl, Kupfer, Gold

- **Papiergeld:** Es bezieht seinen Wert aus dem begrenzten Angebot und der allgemeinen Akzeptanz

- **Buchgeld:** Einlagen bei der Bank

Die Definition von Samuelson und Nordhaus zeigt die Entwicklung des Geldes vom Warengeld über das Papiergeld zum Buchgeld.

Abbildung 4: Formen von Geld nach Samuelsen und Nordhaus

3.2. Funktionen von Geld

Geld muss gewisse Funktionen erfüllen, um als Geld betitelt zu werden. „Unter den Geldfunktionen versteht man diejenigen Anforderungen, bei deren Wirksamkeit man einem Zahlungsmittel den Charakter von Geld zuschreibt(BORCHERT 2003: 27). „

Es haben sich drei Kriterien herauskristallisiert, die erfüllt sein müssen, damit ein Zahlungsmittel den Charakter von Geld hat:

- **Wertaufbewahrungsfunktion:** Erlaubt den Transfer von Kaufkraft aus der Gegenwart in die Zukunft. (vgl. MANKIW 2000: 179) „Dies ist allerdings nur bei ausreichender Stabilität des Geldes möglich, wenn die Umsatz- und Zahlungstermine ohne Risiko einer zwischenzeitlichen Wertungleichheit gewählt werden können(BORCHERT 2003: 29).“

- **Recheneinheitsfunktion:** „Tauschrelationen sind realwirtschaftliche Mengenverhältnisse, in denen Waren gegeneinander getauscht werden. Preise sind damit Tauschrelationen, die auf eine Recheneinheit bezogen werden(BORCHERT 2003: 28).“

- **Tauschmittelfunktion:** „Es ist viel bequemer mit Geld zu bezahlen, als mit Naturalien, die schlecht zu transportieren sind, schlecht zu portionieren und deren Wert für Außenstehende manchmal schwierig abzuschätzen ist(GISCHER/HERZ/MENKHOFF 2012: 4)“.

In der Abbildung 5 sind die Funktionen von Geld übersichtlich dargestellt.

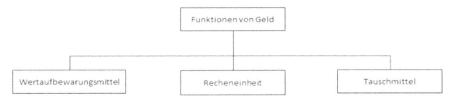

Abbildung 5: Funktionen von Geld

Aus den Ausführungen lässt sich schon erahnen, dass Geld in allen wesentlichen Teilen einer Volkswirtschaft eine große Rolle spielt.(vgl. GISCHER/HERZ/MENKHOFF 2012: 4) Durch die Wertaufbewahrungsfunktion muss das Tauschmittel nicht sofort verbraucht oder weiter getauscht werden. Der Wert bleibt stabil und kann für zukünftige Tauschvorgänge aufbewahrt werden. Durch diese Stabilität und einheitliche Rechengröße können Werte für Güter bestimmt und mit anderen vergleichbar werden. „Geld tritt gleichsam als "dritte Partei" zwischen Güteranbieter und -nachfrager und entlastet letzteren von der Aufgabe, seine Solidität als potentieller Schuldner unter Beweis zu stellen(SPAHN 2009: 4).“

3.3. Motive der Geldhaltung

„Die moderne Theorie der Geldnachfrage nahm ihren Ausgang mit John Maynard Keynes. Von Keynes sind im Gegensatz zur älteren Quantitätstheorie rein gedanklich mehrere verschiedene Motive, die in Abbildung 6 ersichtlich sind, für die Geldnachfrage scharf voneinander unterschieden worden (BORCHERT 2003: 116).“

Abbildung 6: Motive der Geldhaltung

- **Transaktionsmotiv:**, „das heißt, der Notwendigkeit von Kasse nach den laufenden persönlichen und geschäftlichen Austausch (KEYNES 2009: 144).”

- **Vorsichtsmotiv:**, „das heißt, dem Verlangen nach Sicherheit über den zukünftigen Barwert eines gewissen Teiles des Gesamtvermögens(KEYNES 2009: 144).”

- **Spekulationsmotiv:**, „das heißt, der Absicht aus einer besseren Kenntnis der Zukunft, als sie der Markt hat, einen Gewinn zu erzielen(KEYNES 2009: 144).”

In der Praxis kann eine Trennung dieser drei Geldhaltungsmotive nicht exakt vorgenommen werden. Die Trennung ist ein Gedankenexperiment, um die Nachfrage nach Geld zu untersuchen. (vgl. HEERTJE/WENZEL 2008: 235 ff.) Die drei Geldhaltungsmotive werden auch als drei Kassen bezeichnet.(vgl. HEERTJE/WENZEL 2008: 235)

Die **Transaktionskasse** dient dazu, laufende Zahlungsverpflichtungen in einer Periode nachzukommen.(vgl. NEUBÄUMER/HEWEL (HRSG.) 2011: 293)

Die **Vorsichtskasse** „...dient vor allem der individuellen Vorsorge für den Fall, daß [sic!] unvorhergesehene Zahlungsverpflichtungen auftreten (HANUSCH/ KUHN/CANTNER 2002: 338).“

Die **Spekulationskasse** dient den Wirtschaftssubjekten, Geld zu halten, in Erwartung der Entwicklung alternativer Vermögensanlagen. (vgl. HANUSCH/KUHN/ CANTNER 2002: 338) „Zum anderen liegt dieser Kasse die Erkenntnis zugrunde, dass Geld auch eine Form der Vermögensanlage darstellt(Wertaufbewahrungsmotiv) (DORN/FISCHBACH/LETZNER 2010: 25).“

3.4. Geldmengendefinition

Die Europäische Zentralbank definiert drei Geldmengenaggregate M1,M2 und M3. Die Geldmengenaggregate unterscheiden sich hinsichtlich ihrer Liquiditätsnähe. In Tabelle 2 werden die Bestandteile der Geldmengenaggregate erläutert(vgl. EUROPÄISCHE ZENTRALBANK: 110). „Das Geldmengenkonzept der EZB stellt eine ad-hoc Konstruktion dar und dient den geldpolitischen Entscheidungen des Eurosystems (ANDEREGG 2007: 25).“

3.5. Geldschöpfung

Der Geldschöpfungsmultiplikator geht davon aus, dass die Zentralbanken Geld erschaffen. Dieses von den Zentralbanken geschaffene Geld wird von den Ban-

Tabelle 2: Definition der Geldmengenaggregate in der Eurozone (nach EU-ROPÄISCHE ZENTRALBANK: 110)

Verbindlichkeiten	M1	M2	M3
Bargeldumlauf	X	X	X
Täglich fällige Einlagen	X	X	X
Einlagen mit einer vereinbarten Laufzeit von bis zu 2 Jahren		X	X
Einlagen mit vereinbarter Kündigungsfrist von bis zu 3 Monaten		X	X
Repo-Geschäfte			X
Geldmarktfondsanteile			X
Schuldverschreibungen mit einer Laufzeit von bis zu 2 Jahren			X

ken an Nichtbanken verliehen, wodurch Giralgeld entsteht, das nicht vollständig von den Banken gedeckt sein muss. Durch diese Unterdeckung der Kreditvergabe der Banken kann Zentralbankgeld mehrfach verliehen werden. „*Die Geldmenge kann durch Aktivitäten der Geschäftsbanken erhöht werden, ohne dass die Zentralbank die Zentralbankgeldmenge (Geldbasis) erhöht*(ROTHENGATTER/SCHAFFER/ SPRING 2008: 184).“ Dieser Geldschöpfungsvorgang vollzieht sich in drei Schritten:

1. Das von der Zentralbank geschaffene Geld wird über die Banken als Giralgeld an die Nichtbanken weitergereicht.

2. Die Theorie geht davon aus, dass die Nichtbanken einen Teil des Geldes als Giralgeld belassen. Das Geld spaltet sich in Giralgeld und Bargeld auf.

3. Das Giralgeld wird nun wieder an Nichtbanken verliehen.

Dieser Prozess, der sich in drei Schritten vollzieht, wird durch folgende Faktoren abgebremst:

- Die Reservehaltung der Banken durch gesetzliche Vorgaben und aus Sicherheitsabwägungen der Banken, ihren Kunden auch Geld auszahlen zu können

- Durch die Bargeldhaltung der Nichtbanken

(vgl. ROTHENGATTER/SCHAFFER/SPRING 2008: 182)

Dieses Modell der Geldschöpfung kann mathematisch mit der Formel 1 dargestellt werden.

$$\left(\frac{1}{[r + b(1 - r)]}\right) \tag{1}$$

Formel 1: Geldschöpfungsmultiplikator(nach Rothengatter/Schaffer/Spring 2008: 186)

Die Variable r ist der Mindestreservesatz der Banken und b ist die Bargeldquote.

Das Giralgeld kann somit einen hohen Anteil an der bestehenden Geldmenge ausmachen. Die Gefahr besteht hierbei, dass die Zentralbank an Einfluß an der Geldmenge verliert und diese unkontrolliert wachsen kann, ohne dass eine höhere Instanz dies verhindern kann.

4. Bitcoin

Durch Bitcoin ist es möglich, eine Überweisung ohne die Zwischenschaltung eines Finanzinstitutes zu tätigen.(vgl. Nakamoto 2008: 1) „ No bank or paper money would be used" (Schurman 2011: 42) Dies wird durch ein Peer-to-Peer-Netzwerk ermöglicht. Die Schwierigkeit besteht darin zu verhindern, dass für das Ausschließen einer doppelten Transaktion wieder eine dritte Prüfungsinstanz benötigt wird. Sogenannte Netzknoten fassen die Transaktionen zu verschlüsselten Blöcken in einer Kette zusammen und verteilen sie im gesamten Peer-to-Peer-Netzwerk. Um zu verhindern, dass jemand zwei gleiche Blöcke mit unterschiedlichem Inhalt erzeugt und an verschiedene Orte im Netz verteilt, wird das Konzept des proof-of-work verwendet. Es besagt, um einen Block zu generieren, muss ein aufwendiges kryptografisches Rätsel gelöst werden, dessen Rechenaufwand in einer positiven Korrelation mit der gesamten Rechenleistung des Netzwerks steht.

4.1. Der Initiator

Der Initiator des Bitcoin-Systems ist Satoshi Nakamoto. Über seine Person ist sehr wenig bekannt. Im Jahr 2008 wurde unter dem Namen Satoshi Nakamoto ein Whitepaper veröffentlicht, in dem er eine neue Form von elektronischem Geld beschrieb.(vgl. Nakamoto 2008: 1) Der erste Block, den Abbildung 8 zeigt, der sogenannte „Genisisblock" wurde von Satoshi Nakamoto am 03. Januar 2009 erzeugt. In ihm findet sich der Schriftzug „The Times 03/Jan/2009 Chancellor of banks (blockexplorer.com 2012d: 1)" Dies stellt einen Bezug zu einem

```
00000000  01 00 00 00 00 00 00 00  00 00 00 00 00 00 00 00  ................
00000010  00 00 00 00 00 00 00 00  00 00 00 00 00 00 00 00  ................
00000020  00 00 00 00 3B A3 ED FD  7A 7B 12 B2 7A C7 2C 3E  ....;£íý.z{..²zÇ,>
00000030  67 76 8F 61 7F C8 1B C3  88 8A 51 32 3A 9F B8 AA  gv.a.È.Ã..Q2:Ÿ.ª
00000040  4B 1E 5E 4A 29 AB 5F 49  FF FF 00 1D 1D AC 2B 7C  K.^J)«_Iÿÿ...¬+|
00000050  01 01 00 00 00 01 00 00  00 00 00 00 00 00 00 00  ................
00000060  00 00 00 00 00 00 00 00  00 00 00 00 00 00 00 00  ................
00000070  00 00 00 00 00 00 FF FF  FF FF 4D 04 FF FF 00 1D  ......ÿÿÿÿM.ÿÿ..
00000080  01 04 45 54 68 65 20 54  69 6D 65 73 20 30 33 2F  ..EThe Times 03/
00000090  4A 61 6E 2F 32 30 30 39  20 43 68 61 6E 63 65 6C  Jan/2009 Chancel
000000A0  6C 6F 72 20 6F 6E 20 62  72 69 6E 6B 20 6F 66 20  lor on brink of
000000B0  73 65 63 6F 6E 64 20 62  61 69 6C 6F 75 74 20 66  second bailout f
000000C0  6F 72 20 62 61 6E 6B 73  FF FF FF FF 01 00 F2 05  or banksÿÿÿÿ..ò.
000000D0  2A 01 00 00 00 43 41 04  67 8A FD B0 FE 55 48 27  *....CA.g.ý°þUH'
000000E0  19 67 F1 A6 71 30 B7 10  5C D6 A8 28 E0 39 09 A6  .gñ¦q0·.\Ö¨(à9.¦
000000F0  79 62 E0 EA 1F 61 DE B6  49 F6 BC 3F 4C EF 38 C4  ybàê.aÞ¶Iö¼?Lï8Ä
00000100  F3 55 04 E5 1E C1 12 DE  5C 38 4D F7 BA 0B 8D 57  óU.å.Á.Þ\8M÷º..W
00000110  8A 4C 70 2B 6B F1 1D 5F  AC 00 00 00 00           .Lp+kñ._¬....
```

Abbildung 7: Der Genisisblock in Hexadezimalform

Artikel der Times vom 03. Januar 2009 her,(vgl. ELLIOTT/DUNCAN 2009: 1) somit muss der erste Block am 03. Januar 2009 oder später erstellt worden sein. Und tatsächlich hat der Block 0 als Timstamp das Datum 03. Januar 2009. (vgl. BLOCKEXPLORER.COM 2012a: 1) Gleichzeitig wird spekuliert, ob der Bezug zu dem Artikel ein Hinweis auf das marode Banksystem und den Ersatz durch ein neues dezentralen System sein soll.

In seinem Profil bei der P2P Foundation (vgl. NAKAMOTO 2009b: 1) gibt er als Nationalität japanisch, männlich und sein Alter mit 37 Jahren an. Ob er wirklich aus Japan kommt ist fraglich. Es findet sich nirgendwo unter seinem Pseudonym Texte in japanisch. Das erste Posting unter dem Pseudonym Satoshi Nakamoto auf der Seite von der P2P Foundation wurde am 11. Februar 2009 veröffentlicht. (vgl. NAKAMOTO 2009a: 1). Hier wird das Bitcoinsystem kurz beschrieben, mit Verweisen auf das Whitepaper „Bitcoin: A Peer-to-Peer Electronic Cash System"(vgl. NAKAMOTO 2008: 1) , einem ersten Bitcoin-Client und der Zentralen Bitcoin-Seite im Internet. (BITCOIN.ORG 2012a) Mittlerweile gibt es keinerlei Postings unter dem Pseudonym Satoshi Nakamoto. Die Gerüchte gehen dahin, dass diese Identität nur zur Schaffung des Bitcoin-Systems erstellt worden sei, um Repressalien aus dem Weg zu gehen. Den Genisisblock mit einem Hex-Editor in Abbildung 7 dargestellt, macht den Schriftzug sichtbar.

4.2. Eigenschaften von Bitcoin

Bitcoin vereinigt Eigenschaften von Buchgeld, das rein elektronisch auf Konten der Banken erscheint und der Anonymität von Bargeld.

Folgende Eigenschaften zeichnet Bitcoin aus:

- **Verteilung von Bitcoin:** Diese werden nicht durch eine Instanz an ir-

```
{
  "hash":"000000000019d6689c085ae165831e934ff763ae46a2a6c172b3f1b60
a8ce26f",
  "ver":1,
  "prev_block":"0000000000000000000000000000000000000000000000000000000000000000",
  "mrkl_root":"4a5e1e4baab89f3a32518a88c31bc87f618f76673e2cc77ab2127b7afdeda33b",
  "time":1231006505,
  "bits":486604799,
  "nonce":2083236893,
  "n_tx":1,
  "size":285,
  "tx":[
    {
      "hash":"4a5e1e4baab89f3a32518a88c31bc87f618f76673e2cc77ab2127b7afdeda33b",
      "ver":1,
      "vin_sz":1,
      "vout_sz":1,
      "lock_time":0,
      "size":204,
      "in":[
        {
          "prev_out":{
            "hash":"0000000000000000000000000000000000000000000000000000000000000000",
            "n":4294967295
          },
          "coinbase":"04ffff001d0104455468652054696d65732030332f4a616e2f32303039204368616e63656c
6c6f72206f6e206272696e6b206f66207365636f6e64206261696c6f75742066722062616e6b73"
        }
      ],
      "out":[
        {
          "value":"50.00000000",
          "scriptPubKey":"04678afdb0fe5548271967f1a67130b7105cd6a828e03909a67962e0ea1f61deb649f6b
c3f4cef38c4f35504e51ec112de5c384df7ba0b8d578a4c702b6bf11d5f OP_CHECKSIG"
        }
      ]
    }
  ],
  "mrkl_tree":[
    "4a5e1e4baab89f3a32518a88c31bc87f618f76673e2cc77ab2127b7afdeda33b"
  ]
}
```

Abbildung 8: Der Genisisblock (BLOCKEXPLORER.COM 2012d: 1)

gendwen verteilt, sie müssen erzeugt werden. Dieser Prozess wird Mining genannt.(BITCOIN.ORG 2012a)

- **Dezentral:** Das Bitcoinsystem ist als Peer-to-Peer-Netz aufgebaut. (vgl. NAKAMOTO 2008: 1)

- **Fälschungssicher:** Transaktionen werden mit asymmetrischen Schlüssel und einem Timstamp genannten Verfahren gesichert.(BITCOIN.ORG 2012a)

- **Limitiert:** Die Menge der Coin ist auf 21 Millionen (s. Listing 1) limitiert. (BITCOIN.ORG 2012b)

- **Transaktionsnachweis:** Jede Überweisung wird in der Blockchain gespeichert und ist für jeden einsehbar.(vgl. NAKAMOTO 2008: 6)

- **International:** Bitcoinüberweisungen nutzen als Medium das Internet und kennen daher keine Landesgrenzen.(BITCOIN.ORG 2012a)

- **Anonymität:** Solange sich die Transaktionen nur innerhalb des Bitcoin-Netzes abspielen, kann eine hohe Anonymität erreicht werden. (vgl. NAKA-MOTO 2008: 6)

- **Unumkehrbarkeit:** Eine ausgeführte Transaktion kann nicht mehr rückgängig gemacht werden.(BITCOIN.ORG 2012a)

- **Sicherheit der Geldbörse:** ab Clint-Version 0.4 kann die Geldbörse, auch Wallet genannt, auch verschlüsselt werden.(BITCOIN.ORG 2012a)

- **Preiswert:** Die Transaktionskosten betragen z.Z. 0,0005 BTC für Minimalbeträge (s. Listing 2) um Spam zu vermeiden, ansonsten ist es noch kostenfrei (BITCOIN.ORG 2012b: vgl.)

Listing 1: Max_MONEY(vgl. BITCOIN.ORG 2012b: 32)

```
31  static const int64 MAX_MONEY = 21000000 * COIN;
```

Listing 2: MIN_TX_FEE(vgl. BITCOIN.ORG 2012b: 30)

```
30  static const int64 MIN_TX_FEE = 50000;
```

4.2.1. Bitcoinsymbol

Im Bitcoin-System hat sich als Abkürzung für Bitcoin BTC durchgesetzt. Manche Webseiten verwenden ein B mit einem senkrechten Strich= Ƀ. Abbildung 9 zeigt das derzeitige Bitcoinlogo.(BITCOIN.ORG 2012a: vgl.)

4.2.2. Verteilung von Bitcoin

Die Bitcoins sind auf eine Menge von 21.000.000 festgelegt.(BITCOIN.ORG 2012b: vgl.) Bitcoin entstehen durch einen Prozess, der Mining genannt wird. Beim Mining muss eine mathematische Aufgabe, deren Schwierigkeitsgrad

Abbildung 9: Bitcoinlogo

mit der Rechenleistung des gesamten Netzwerkes zu- oder abnimmt gelöst werden, um einen neuen Block zu generieren und als Belohnung z.Z. 50 BTC, zu erhalten.

Im Algorythmus ist festgelegt, dass etwa alle 10 Minuten ein Block entsteht. Gleichzeitig werden beim Mining die Transaktionen des Netzwerkes bestätigt. Hierfür können die Miner eine Transaktionsfee erhalten. Jede 4 Jahre halbiert sich die Belohnung der Miner, so dass alle 21.000.000 Bitcoins bis zum Jahr 2033 entstehen werden(s. Abbildung 10). Eine Änderung der Gesamtmenge ist nur

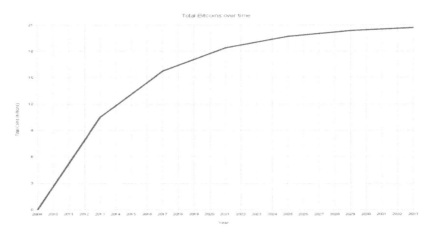

Abbildung 10: Erzeugungsrate der Bitcoin (BITCOIN.ORG 2012a)

durch einen geänderten Client möglich, der durch die Mehrheit der Anwender genutzt würde.(BITCOIN.ORG 2012a)

4.2.3. Dezentrales Netzwerk

Das Bitcoin-Netzwerk ist ein unstrukturiertes Peer-to-Peer-Netzwerk. Jeder Knoten im Netwerk ist gleichberechtigt und hat zur Verifizierung der Transaktionen die gesamte Block-Chain geladen. Gleichzeitig stellt jeder Knoten auch die Block-Chain anderen Knoten zur Verfügung. Durch dieses System wird es vermieden, dass eine zentrale Server-Struktur notwendig ist.

4.2.4. Fälschungssicherheit

Der Bitcoin-Client erstellt bei der Installation eine elektronische Geldbörse, auch **wallet** genannt. In dieser befinden sich vom Nutzer generierte Schlüsselpaare. Hierbei wird das asymetrische Verschlüsselungsverfahren, das Puplic-Key-Verfahren, genutzt. Hierbei wird ein Schlüsselpaar erzeugt.(vgl. SCHERFF 2010: 359) Der private Key dient dazu, digitale Signaturen zum Transferieren von Bitcoin zu erzeugen, also quasi die Unterschrift zum Überweisen von Beträgen. Der Puplic Key dient zur Bestätigung der Richtigkeit der Transaktion.(BITCOIN.ORG 2012a)

4.2.5. Transaktionsnachweis

Beim Erzeugen von Bitcoin, dem Mining, werden gleichzeitig Transaktionen in dem neu erzeugten Block gespeichert und in der Block-Kette, der Block-Chain, chronologisch aneinander gereiht. Diese Block-Chain ist für jeden einsichtig und damit auch jede Transaktion. Die Abbildung 11 zeigt einen Ausschnitt aus Block # 180848. (BLOCKEXPLORER.COM 2012b) Bitcoin eignet sich daher für Spenden. Jeder Spender kann nachverfolgen, dass seine Spende auch bei der Spendenorganisation angekommen und wie hoch der Gesamtbetrag der Spenden ist.

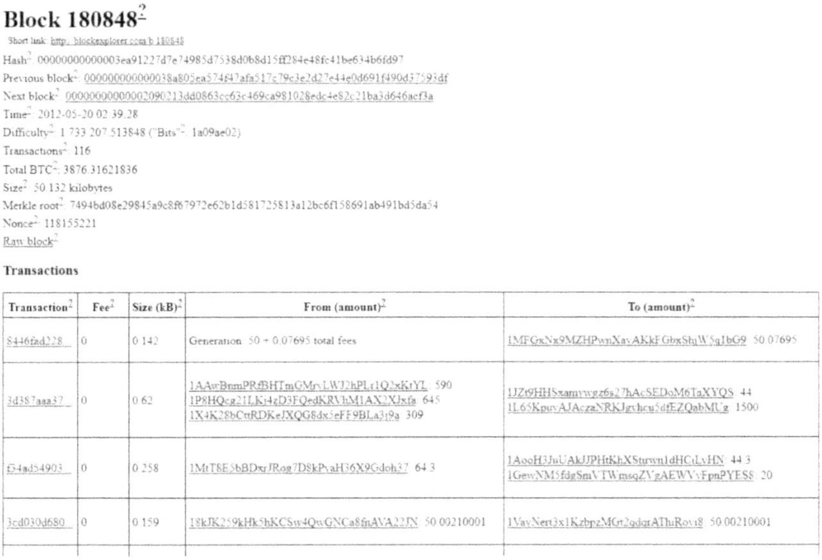

Block 180848

Short link: http://blockexplorer.com/b/180848

Hash: 00000000000003ea91227d7e74985d7538d0b8d15ff284e48fc41be634b6fd97

Previous block: 0000000000000038a805ea574f47afa517c79c3e2d27e44e0d691f490d37593df

Next block: 0000000000000002090213dd0863cc63c469ca981028edc4e82c21ba3d646acf3a

Time: 2012-05-20 02:39:28

Difficulty: 1 733 207.513848 ("Bits": 1a09ae02)

Transactions: 116

Total BTC: 3876.31621836

Size: 50.132 kilobytes

Merkle root: 7494bd08e29845a9c8f67972e62b1d581725813a12bc6f158691ab491bd5da54

Nonce: 118155221

Raw block

Transactions

Transaction	Fee	Size (kB)	From (amount)	To (amount)
8446fad228...	0	0.142	Generation: 50 + 0.07695 total fees	1MFGxNx9MZHPwnXavAKkFGbxShjW5q1bG9: 50.07695
3d387aaa37...	0	0.62	1AAwBnmPRfBHTmGMrvLWJ2hPLr1Q2xKtYL: 590 1P8HQcg21LKj4zD3FQedKRVhM1AX2XJxfa: 645 1X4K28bCttRDKeJXQG8dx5eFF9BLa3j9a: 309	1JZt9HHSxamywgz6s27hAcSEDoM6TaXYQS: 44 1L65KpuvAJAczaNRKJgvhcu5dfEZQabMUg: 1500
f34ad54903...	0	0.258	1MtT8E5bBDxrJRog7D8kPvaH36X9Gdoh37: 64.3	1AooH3JuUAkJJPHtKhXStrwn1dHCtLvHN: 44.3 1GewNM5fdgSmVTWmsqZVgAEWVvFpnPYES8: 20
3cd030d680...	0	0.159	18kJK259kHk5hKCSw4QwGNCa8fnAVA22JN: 50.00210001	1VavNert3x1KzbpzMGt2gdqrAThiRovi8: 50.00210001

Abbildung 11: Transaktionsnachweis

4.2.6. Anonymität

Um am Bitcoin-System teilzunehmen, muss nirgendwo eine Anmeldung mit Hinterlegung von persönlichen Daten erfolgen. Im Bitcoin-Client wird eine Bitcoin-Adresse erzeugt, wie in Abbildung 12 gezeigt, die in etwa vergleichbar mit einem Konto ist. Diese Bitcoin-Adresse hat keinerlei persönlichen Bezug. Sie stellt gleichzeitig den Puplic-Key dar. Solange sich die Transaktionen nur innerhalb des Bitcoin-System abspielen, ist die Identität eines Senders oder Empfängers von Bitcoin nicht nachweisbar. Erst durch einen Bezug ausserhalb des Systems, etwa durch den Einkauf und die Bezahlung von Waren, kann die Identität ermittelt werden. Es können beliebig viele Bitcoin-Adressen erstellt werden. Dadurch wird der Identitätsnachweis erschwert.(BITCOIN.ORG 2012a)

1K7g1BgX3eUb8fdpab9yeRMe9NceEVzef9

Abbildung 12: Bitcoinadresse

4.2.7. Unumkehrbarkeit von Transaktionen

Jede Transaktion wird in der **Block-Chain** gespeichert. Alle Transaktionen sind miteinander verbunden. Eine Transaktion enthält den Hash-Wert aller vorherigen Transaktionen. Um Transaktionen rückgängig zu machen, müssten alle nachfolgenden Transaktionen auch rückabgewickelt werden. Es gibt daher keine Möglichkeit, eine einmal getätigte Transaktion rückabzuwickeln. (BITCOIN.ORG 2012a)

4.2.8. Sicherheit der Geldbörse

Die **wallet** enthält alle Privat- und Puplic-Keys des Nutzers. Wer Zugriff auf die wallet hat, hat auch Zugriff auf die in der Blockchain gespeicherten Beträge. Bei Verlust kann auf die Beträge nicht mehr zugegriffen werden. Die **wallet** kann ab Client-Version 0.4 verschlüsselt werden. Es ist daher ratsam, immer Sicherheitskopien der **wallet** anzulegen. (BITCOIN.ORG 2012a)

4.2.9. Transaktionsgebühren

Z.Z. werden nur für Minimalbeträge Transaktionsgebühren in Höhe von 0,005 BTC erhoben. Durch die Halbierung der Mining-Prämie wird in späteren Jahren für das Aufrechterhalten der Netzwerk-Rechenleistung eine Transaktionsgebühr für alle Beträge erhoben werden müssen. Wie hoch diese sein wird, ist noch nicht abzusehen. Als Beispiel wurden im Block #180848 (s. Abbildung 11) 116 Transaktionen verarbeitet und Transaktiongebühren in Höhe von 0,07695 BTC vereinnahmt, bei einem Gesamtvolumen von 3876,31621836 BTC. Die Wahrscheinlichkeit, dass eine Transaktion vom Bitcoin-System schneller bestätigt wird, erhöht sich mit einer Transaktionsgebühr. Miner gehen dazu über, nur noch Transaktionen mit einer Transaktionsgebühr auszuführen. Ohne diese muss auf Bestätigungen durch Miner gewartet werden, die nicht auf eine Gebühr bestehen.(BITCOIN.ORG 2012a)

5. Die Technik hinter Bitcoin

Die Nutzer des Bitcoinsystems überprüfen automatisch beim Start des Clients, ob alle Blöcke und damit auch alle Transaktionen vorhanden sind. Fehlen welche, werde diese über das unstrukturierte Peer-to-Peer-Netzwerk eingelesen.

Der Client kann beliebig viele Adressen für den Zahlungsempfang erzeugen. Alle Transaktionen im Bitcoin-Netzwerk finden zwischen den Adressen statt. Diese Adressen sind der öffentliche Teil eines asymmetrischen Schlüsselpaares, der aus einem Privat-Key, der in der **wallet** verbleibt und dem Public-Key, der öffentlich ist, besteht.

Soll eine Zahlung vorgenommen werden, sendet der Empfänger einer Transaktion den Public-Key an den Absender einer Zahlung. Der Privat-Key bleibt beim Empfänger. Mit dem Puplic-Key signiert der Absender die Transaktion an den Empfänger. Nur der Empfänger, der auch der Besitzer des Privat-Key ist, kann eine Transaktion autorisieren. Der Verlust des Privat-Key bedeutet gleichzeitig den Verlust der damit signierten Bitcoins.

Jede Transaktion wird im Peer-to-Peer-Netzwerk mit Hilfe des Flooding-Algorithmus bekannt gegeben, um zu verhindern, dass der gleiche Betrag mehrfach (Double Spending) ausgegeben wird. Miner sammeln diese Transaktionen in Blöcke und bestätigen durch eine Signatur damit die Transaktion.

Für die Berechnung der Signatur wird ein Hash-Wert aus folgenden Werten gebildet:

- Versionsnummer des Blocks

- Hash-Wert des vorherigen Block

- Merkle root

- Timestamp

- Traget

- Nonce

Für die Signierung wird das Digital Signature Algorithm mit elliptischen Kurven, kurz ECDSA genannt, in der 256-Bit-Konfiguration verwendet(vgl. PRAMATEF-TAKIS 2008: 146 f.) Die Berechnung des Hash-Wertes ist die Lösung einer kryptographischen Aufgabe. Diese beinhaltet die Umkehr einer Einwegfunktion.

Zur Lösung der Aufgabe muss sehr viel Rechenaufwand aufgewendet werden. Die Überprüfung der Lösung benötigt wenig Rechenleistung und kann daher schnell vonstatten gehen. Löst ein Miner die Aufgabe, erzeugt er einen neuen Block und integriert in ihm Transaktionen. Als Belohnung erhält er dafür z. Z. 50 BTC.

Die Blöcke werden zu einer Kette, der Block-Chain verknüpft und von den anderen Minern im Netzwerk auf Richtigkeit der Signatur überprüft und bestätigt. Alle Transaktionen sind in der Block-Chain öffentlich einsehbar. Ist die Adresse eines Nutzers bekannt, können alle seine Transaktionen mit dieser Adresse zurückverfolgt werden. Um dies zu erschweren, können Nutzer beliebig viele Adressen erzeugen.

Durch das Erzeugen von Blöcke, dem Mining, wird dezentral und ohne die Zuschaltung einer höheren Autorität, wie etwa einer Zentralbank in Verbindung mit Banken,(s. dazu zum Vergleich Kapitel 3.5) die Geldschöpfung vorgenommen. Die Belohnung der Miner halbiert sich ca. alle vier Jahre, so dass die Gesamtmenge an Bitcoin 21.000.000 betragen wird. Um zu verhindern, dass bei einer verstärkten Nutzung von Bitcoin zu wenige vorhanden sind, können Bitcoin bis zur achten Stelle gestückelt werden. Durch die Verminderung der Belohnung zum Finden eines Blocks, könnte der Anreiz für die Miner schwinden, weiterhin Blöcke zu berechnen. Als Lösung aus diesem Dilemma ist es möglich, eine Transaktiongebühr an die Miner zu zahlen.

Der Bitcoin-Algorithmus ist so programmiert, dass nur etwa alle 10 Minuten ein Block erzeugt werden kann. Alle 2016 Blöcke wird die Rechenleistung des gesamten Bitcoin Peer-to-Peer-Netzes überprüft und die Schwierigkeit, auch **Difficulty** genannt, der Lösung der Aufgabe, dass **proof-of-work**, angepasst. Somit ist gewährleistet, dass auch bei Veränderung der Gesamtrechenleistung nur etwa alle 10 Minuten ein Block gefunden wird.

Hat ein Miner mit falschen Parametern oder fast gleichzeitig mit einem anderen Miner einen Block gefunden, wird im ersteren Fall der Block durch die Gemeinschaft der anderen Miner für ungültig erklärt und im zweiten Fall der Block für gültig erklärt, der als erstes gefunden wurde.(Bitcoin.org 2012a)

5.1. Das Peer-to-Peer-Netz

Das Bitcoin-Netzwerk fußt auf ein unstrukturiertes Peer-to-Peer-Netz. Ein unstrukturiertes Peer-to-Peer Netz ist ein Verbund von Computern, in denen alle gleichberechtigt sind. Jede Einheit ist gleichzeitig Client und Server und überträgt und empfängt Daten. Hierfür wird kein zentraler Server benötigt.(BITCOIN.ORG 2012a)

Die allgemeinen Charakteristiken eines Peer-to-Peer-Netzwerkes sind:

- Ressourcen werden zwischen den Peers geteilt

- Der Zugriff auf die Ressourcen erfolgt direkt zwischen den Peers

- Jeder Peer ist gleichzeitig Anbieter wie auch Anforderer von Daten

(vgl. EBERSPÄCHER/SCHOLLMEIER 2005: 36)

Ein reines unstrukturiertes Peer-to-Peer-Netzwerk zeichnet sich durch folgende Punkte aus:

- Alle Peer-to-Peer Funktionen sind enthalten

- Jede Einheit des Peer-to-Peer-Netzes kann entfernt werden, ohne dass die Funktionalität des Netzes beeinträchtigt ist

- Es gibt keine zentrale Einheit

(vgl. EBERSPÄCHER/SCHOLLMEIER 2005: 36)

In Abbildung 13 wird ein unstrukturiertes Peer-to-Peer-Netzwerk dargestellt.

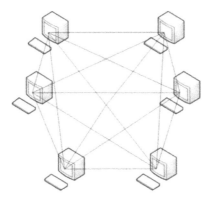

Abbildung 13: Peer-to-Peer-Netzwerk (nach EBERSPÄCHER/SCHOLLMEIER 2005: 36)

Die Verteilung von Nachrichten findet im Bitcoin-Netzwerk über den Flooding-Algorithmus statt. „In einem Netz von anfangs nicht informierten Knoten senden ... Initiatorknoten eine Nachricht an alle ihre Nachbarn (RICHARD HELLER 2009:

15).“ Die nun informierten Knoten senden wiederum an alle bekannten Knoten, außer von denen die Nachricht stammen, die Nachricht. In einem Peer-to-Peer-Netzwerk kennen sich letztendlich über die Verknüpfung der Knoten alle Netzteilnehmer, wodurch die gesendete Nachricht auch jeden erreicht. Die Nachrichtenversendung terminiert sich in dem Moment von selbst durch die Versendung der Nachricht an den letzten Knoten.

5.2. Der Block

Blöcke sind das zentrale Objekt im Bitcoinsystem. Mit der Erzeugung von Blöcken, dem Mining, werden Bitcoins erzeugt. In den Blöcken werden die Transaktionen gespeichert und bestätigt. Die einzelnen Bestandteile eines Blocks sind in Tabelle 3 dargestellt.

Der erste Teil eines Blocks ist der Hash-Wert des Blocks. Es handelt sich dabei um einen doppelten SHA-256 Hash-Wert.

Es folgt die **Versionsnummer** des Blocks, die derzeitige ist die Eins.

Darauf folgt der **Vorherige Hash**. Dies ist ein doppelter SHA-256 Hash-Wert des vorherigen Blocks. Der Genisis-Block hat hier einen 0-Wert (s. Abbildung 8).

Als nächstes wird die **Merkle root** dargestellt. Hier handelt es sich um einen binären Merkle tree (vgl. BECKER 2008: 8), der mit einen doppelten SHA256 Hash-Wert erzeugt wird. Im Bitcoin-System handelt es sich um einen doppelten SHA256 Hash-Wert aller vorherigen Transaktionen.

Der darauf folgende **Timestamp** protokolliert die Erstellungszeit des Blocks.

Der nachfolgende Wert **bits** wird als Target z.Z. der Erstellung des Blocks gespeichert. Je nach gesamter Rechenleistung des Bitcoin-Systems wird die sogenannte **Current Difficulty** und damit das **Current Target** alle 2016 Blöcke so angepasst, dass nur alle 10 Minuten ein Block gefunden wird.

Der anschließende **Nonce** ist der Anfangswert zur Berechnung des nächsten Hash-Wertes und wird nach erfolgloser Berechnung inkrementiert.

Der Wert **size** gibt die gesamte Größe des Blocks an.

Anschließend wird in **n_tx** die Anzahl der in dem Block gespeicherten Transaktionen angegeben.

In dem Wert **tx** sind die Transaktionen gespeichert. Der im Anhang dargestellte Block 181622 (s. A.1) hat z.B. 3 Transaktionen gespeichert.

Tabelle 3: Blockbestandteile (BITCOIN.ORG 2012a)

Bezeichnung	Bemerkung	Größe in Byte
Hash-Wert	Hash-Wert des Blocks	4
Version	Versionsnummer des Blocks	4
Vorheriger Hash	Hash des vorherigen Blocks	32
Merkle root	256-Bit Hash aller vorherigen Transaktionen	32
Timestamp	Aktueller Timestamp	4
bits	Derzeitiges Target in kompakter Form	4
Nonce	32 Bit Nummer, beginnt mit 0	4
size	Größe des Blocks	32
n_tx	Anzahl der Transaktionen	variable
tx	Transaktionen	variable

5.3. Die Block-Chain

Blöcke werden über ihren Hash-Wert zu einer Block-Chain verknüpft. Diese kann bis zum Genisis-Block zurückverfolgt werden. Das Netzwerk prüft, welcher Zweig der Kette die Längste ist. Diese Überprüfung findet nicht anhand der Anzahl der Blöcke statt, sondern an der Kumulierung der Difficulty. Dies garantiert, dass nur der Block gültig ist, der die meiste Rechenpower des Netzwerkes hinter sich vereint. Die Kette mit der meisten Rechenpower wächst am schnellsten und wird länger als die mit der geringeren. Damit ist sichergestellt, dass nicht ein einzelner Nutzer falsche Blöcke erstellt. Eine Kette ist nur dann gültig, wenn folgende Eigenschaften zutreffen:

- Die kombinierte Difficulty muss größer sein als bei allen anderen Ketten.

- Alle Blöcke in der Kette müssen gültig sein.

- Alle Transaktionen in den Blöcken müssen gültig sein.

- Die Kette muss ihren Anfang beim Genisisblock haben.

Wird ein neuer Block gefunden und dieser im Netzwerk veröffentlicht, kann es eine Weile dauern, bis alle Teilnehmer des Netzwerkes darüber informiert werden. Daher ist es möglich, dass fast gleichzeitig der Nachfolgeblock der Block-Chain gefunden wurde, dies wird **fork** genannt. Das Netzwerk erstellt den nächsten Block auf Grundlage des zuerst erstellten. Der zweite Block verfällt und wird ungültig. Blocks in einer ungültigen Verzweigung werden **orphan blocks** genannt. Ein Block kann nur einen vorhergehenden Block referenzieren, es ist daher nicht möglich, dass zwei Ketten sich wieder zu einer verschmelzen. (BITCOIN.ORG 2012a)

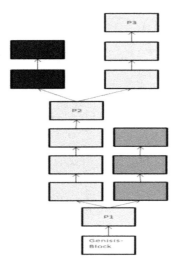

Abbildung 14: Beispiel einer Blockchain nach Nakamoto

In Abbildung 14 wird eine Blockchain exemplarisch dargestellt. Der weiße Block stellt den Genisisblock dar. Hellgrau ist die gültige Blockchain. Oberhalb von P1 ist ein **fork** entstanden. Der linke Block wurde vom Netzwerk als der frühere erkannt und die Kette dort weitergeführt. Die Blöcke der rechten Seite sind ungültige **orphan blocks**. Am Punkt P2 ist wieder ein **fork** entstanden. Das Netzwerk erkannte den rechten Block als den früheren und führte die Kette rechts weiter. Die Blöcke der linken Seite sind ungültige **orphan blocks**.

5.4. Die Transaktion

Um eine Transaktion zu beginnen, muss der Zahlungempfänger einen Public-Key dem Zahlenden zusenden. Dieser signiert mit seinem Private-Key den zu zahlenden Betrag und veröffentlicht diese Information in das Bitcoin-Netzwerk. Darin fügen Miner beim Erstellen eines neuen Blocks diese Informationen in den neuen Block ein und verifizieren diesen Vorgang. Eine Transaktion setzt sich aus folgenden Werten zusammen:

- Dem Hash-Wert aus der vorherigen Transaktion

- Dem Puplic-Key des Empfängers

- Die mit dem Privat-Key des Senders erstellte Signatur

(vgl. NAKAMOTO 2008: 2)

In Abbidung 15 wird dieses Verfahren dargestellt

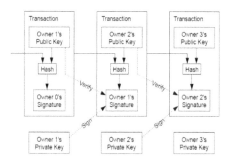

Abbildung 15: Transaktionswerte (NAKAMOTO 2008: 2)

Transaktionen werden im Block unter dem Wert **tx** gespeichert. Das Format des Blockheaders der gespeicherten Transaktionen wird in Tabelle 4 dargestellt.

Tabelle 4: Transaktionsheader (BITCOIN.ORG 2012a)

Bezeichnung	Bemerkung	Größe in Byte
Hash-Wert	Hash-Wert der Transaktion	4
ver	Version der Transaktion	4
vin_sz	Anzahl der Einzahlungen	4
vout_sz	Anzahl der Auszahlungen	4
lock_time	Zeitstempel	4
size	Größe in Byte	4
in	Alle Einzahlungstransaktionen	variable
out	Alle Auszahlungstransaktionen	variable

Transaktionen setzen sich immer aus mindestens einer Auszahlung und einer Einzahlung zusammen, die Summe der Auszahlungen muss immer gleich der Summe der Einzahlungen sein. Von dieser Regel gibt es eine Ausnahme: wenn Miner einen neuen Block erstellen, erhalten sie eine Belohnung von 50 BTC. Dies wird nur als Eingangszahlung gespeichert. Wenn ein Zahlender einen höheren Betrag in der **wallet** hat als er auszahlen will, so erhält er als Einzahlung den Differenzbetrag zwischen dem Bestand an BTC in der **wallet**, abzüglich dem Auszahlungsbetrag.(BITCOIN.ORG 2012a)

5.5. Die Wallet

In der **wallet**, auf deutsch Geldbörse, befinden sich, wie der Name fälschlicherweise vermuten lassen würde, keine Bitcoin. Die Bitcoin an sich sind als Transaktion in von Minern generierten Blöcken gespeichert und als Eigentumsbeweis mit dem Puplic-Key des Eigentümers gekennzeichnet. In der **wallet** befinden sich die Schlüsselpaare, also der Privat-Key und der dazugehörige Public-Key. Es befinden sich nach der Installation des Clients einhundert Schlüsselpaare in der **wallet**. Es können bei Bedarf theoretisch unendlich viele Schlüsselpaare erzeugt werden, alle sind unabhängig voneinader, es gibt keinen Masterkey. Ab der Client-Version 0.4 kann die **wallet** verschlüsselt werden. Bei Verlust der **wallet** gibt es keine Möglichkeit, auf die Bitcoin zuzugreifen, sie sind für immer verloren.(BITCOIN.ORG 2012a)

Der Privat-Key ist eine Zufallszahl, die mit dem Digital-Signature-Algorithm mit elliptischen Kurven, kurz ECDSA genannt, in der 256-Bit-Konfiguration in einen 256 Bit integer Wert errechnet wird. (vgl. PRAMATEFTAKIS 2008: 146 f.) Das entspricht einer Größe von 32 Byte.

Die Erzeugung einer Bitcoin-Adresse erfolgt in 10 Schritten:

1. Erzeugen eines ECDSA Privat-Key

2. Der damit korrespondierende Puplic-Key wird generiert (65 Bytes, 1 Byte 0x04, 32 Bytes repräsentiert die X-Koordinate, 32 Bytes repräsentiert die Y-Koordinate)

3. Mit SHA-256 wird ein Hashwert errechnet

4. Einen Hashwert mit RIPEMD-160 aus dem SHA-256 Hashwert errechnen

5. Das Versionsbyte mit hinzufügen 0x00

6. Aus dem erweiterten RIPEMD-160 Hashwert eine SHA-256 Hashwert errechnen

7. Die Ersten vier Bytes des SHA-256 Hashwert werden als Prüfsumme verwendet

8. Die Prüfsumme wird an den RIPEMD-160 Hashwert aus Punkt fünf angehängt

9. Das Ergebnis aus Punkt acht wird in einen base58 String umgewandelt

Die base85 Umwandlung trägt zur erleichterten Nutzung der Bitcoinadressen bei. Der Zeichensatz von base58 besteht nur aus alpha-numerischen Zeichen, ohne die Zeichen 0 (Null), I (großes i), O (großes o), l (kleines L), um Verwechslungen zu vermeiden.

5.6. Das Mining

Bitcoins werden durch das Mining erzeugt. Beim Mining muss eine mathematische Aufgabe erzeugt werden, das sogenannte proof-of-work. Hierbei werden aus den in Tabelle 5 dargestellten Werten ein doppelter SHA-256 Hash-Wert errechnet (s. Abbildung 16). Für jeden erstellten Block erhält der Miner z.Z. 50 BTC. Alle 210.000 Blöcke halbiert sich die Belohnung der Miner. Das bewirkt, dass fast alle Bitcoins im Jahre 2033 erstellt worden sind.

```
hello
2cf24dba5fb0a30e26e83b2ac5b9e29e1b161e5c1fa7425e73043362938b9824 (erste Runde sha-256)
9595c9df90075148eb06860365df33584b75bff782a510c6cd4883a419833d50 (zweite Runde sha-256)
```

Abbildung 16: Beispiel einer doppelten SHA-256 Berechnung (BITCOIN.ORG 2012a)

$$(SHA256(SHA256(Text))) \tag{2}$$

Formel 2: Doppelte SHA256 Funktion (BITCOIN.ORG 2012a)

Tabelle 5: Werte für den Block-Hash (BITCOIN.ORG 2012a)

Bezeichnung	Bemerkung	Größe in Byte
Version	Versionsnummer des Blocks	4
Vorheriger Hash	Hash des vorherigen Blocks	32
Merkle root	256-Bit Hash aller vorherigen Transaktionen	32
Timestamp	Aktueller Timestamp	4
bits	Derzeitiges Target in kompakter Form	4
Nonce	32 Bit Nummer, beginnt mit 0	4

Es wird etwa jede 10 Minuten ein neuer Block errechnet. Dies wird dadurch erreicht, dass zur Berechnung des Hash-Wertes ein Zielwert definiert wird, das Target. Der Hash-Wert muss unterhalb dieses Targets liegen, dieses wird nach 2016 Blöcke überprüft. Je nach Rechenkapazität des Bitcoinnetzwerks wird die **Current Difficulty** und damit auch das **Current Target** so bestimmt, dass die Erzeugungsgeschwindigkeit von 10 Minuten pro Block eingehalten wird. (BITCOIN.ORG 2012a)

Wieviele Hash-Werte pro Sekunde berechnet werden können, zeigt die Formel 3. Die Bedeutung der Variablen sind d für difficulty und hs für Hash pro Sekunde.

Mit Hash pro Sekunde ist die Leistungsfähigkeit des Mediums zur Berechnung gemeint.

$$\frac{d * 2^{32}}{hs} \tag{3}$$

Formel 3: Hashwerte in Sekunden(BITCOIN.ORG 2012a)

5.6.1. Das Mining mit der CPU

In der Anfangszeit von Bitcoin war es sehr leicht möglich, mit Hilfe einer normalen CPU, wie sie in jedem PC verbaut ist, Bitcoins zu minen. Eine handelsübliche i3 M350 CPU eines Laptops hat eine Leistungsfähigkeit ca. 15,3 MHash/s , das ergibt 15.300.000 Hash-Werte pro Sekunde. Bei der derzeitigen Difficulty (Stand 30.05.2012) von 1.591.074 benötigt die CPU im Durchschitt 5.169 Tage, um einen gültigen Block zu finden. Das CPU-Mining wird nicht mehr angewandt, da es unrealistisch ist, einen Block zu finden.

5.6.2. Das Mining mit der GPU

Schnell erkannten die Miner das Potential der Shader-Einheiten von Grafikkarten. Sie sind hervorragend dafür geeignet, Hash-Werte zu errechnen. Diese Art des Minings wird GPU-Mining genannt. Mit einer AMD Radeon 7900 (s. Abbildung 17), die 2048 Rechenkerne hat, kann bei einer Taktfrequenz von 925 MHz ca. 550 Mhash/s erreicht werden. (vgl. AMD 2012: 1)Dies reicht aus, um etwa alle 143 Tage ein Block zu berechnen.

Auf einem Mainboard werden mit Erweiterungen teilweise bis zu acht Grafikkarten betrieben, was zu einer enormen Hitzeentwicklung führt. Die Lüfter, die für die Kühlung benötigt werden, erzeugen eine große Lautstärke. Deswegen können diese Mining-Rechner

Abbildung 17: AMD Radeon 7900 (AMD 2012)

auch nur dort eingesetzt werden, wo Lautstärke und Hitze nicht stören.

5.6.3. FPGA Mining

In diesem Jahr findet ein verstärkter Wechsel von GPU-Mining auf FPGA-Mining statt. Ein FPGA ist ein integrierter Schaltkreis, in dem logische Schaltungen programmiert werden können.

Hierdurch können Schaltkreise speziell für das Bitcoin-Mining optimiert werden, wodurch eine hohe Leistung bei geringem Energieverbrauch erreicht wird. Ein Beispiel hierfür ist der von der Firma Butterflylabs entwickelte (s. Abbildung 18) BitForce Single, der eine Leistung von 830 Mhash/s bei 80 Watt/Std. Energieverbrauch hat. Durch die weiter steigende Difficulty wird der Energeiverbrauch bei gleicher und höherer Leistung zum zentralen Thema.

Tabelle 6: Miningvergleich

Rechner	Difficulty	Tage/Block	Watt/Std.	kW/Block
i3 M350 CPU	1.591.074	5.169	60	7443
AMD Radeon 7900	1.591.074	143	150	514
BitForce SHA256 Single	1.591.074	95	830	182
BitForce SHA256 Mini Rig	1.591.074	3	1250	90

Bei der derzeitigen Difficulty braucht der BitForce SHA256 Single ca. 95 Tage zur Berechnung eines gültigen Blocks. Eine Weiterentwicklung im FPGA-Mining stellt das BitForce SHA256 Mini Rig dar. Im Mini Rig sind 24 weiterentwickelte BitForce Single verbaut. Es wird eine Leistung von 25 Ghash/s bei 1250 Watt/Std. Energieverbrauch erreicht.(BUTTERFLYLABS 2012c) Das Mining

Abbildung 18: BitForce SHA256 Single (BUTTERFLYLABS 2012b)

Rig braucht im Durchschnitt nur 3 Tage, um einen Block zu finden. In der Tabelle 6 sind die einzelnen technischen Verfahren zur Berechnung eines Blocks zusammengestellt. Gleichzeitig wird der Energieverbrauch dargestellt.

Abbildung 19: BitForce SHA256 Mini Rig (BUTTERFLYLABS 2012a)

Die gesamte Rechenleistung des Bitcoin-Netzwerkes betrug am 20.06.2012 ca. 12,35 Thashs/s, das entspricht in etwa 156,86 PetaFLOPS. (BITCOIN CHARTS

2012a) Die 10 größten Supercomputer der Welt erbringen eine Gesamtleistung von 22,64 PetaFLOPS. (SITES 2011) Das Bitcoin-Netzwerk lässt sich nicht eindeutig mit den 10 schnellsten Supercomputern der Welt vergleichen, in ihm wird mit Integerzahlen gerechnet. Die Rechenleistung der Supercomputer wird durch Berechnung von Gleitkommazahlen gemessen. Es wird durch diese Gegenüberstellung deutlich, dass das Bitcoin-Netzwerk nicht einfach durch Supercomputer einer Institution unterwandert und übernommen werden kann. Damit ist eine hohe Sicherheit gewährleistet. Die Entwicklung der Rechenleistung im Bitcoin-Netzwerk zeigt der Chart in Abbildung 20.

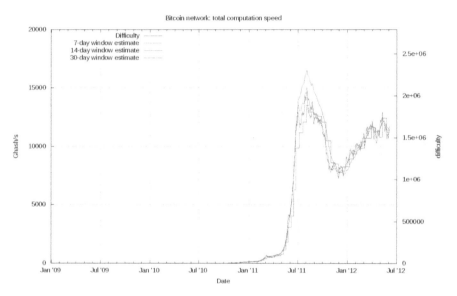

Abbildung 20: Network Hashrate (BITCOIN NETWORK GRAPHS 2012)

Während diese Arbeit geschrieben wurde, zeichnet sich schon der nächste gewaltige evolutionäre Sprung ab. Am 15.06.2012 ist einer Mitteilung von Butterflylabs (BUTTERFLYLABS 2012d) zu entnehmen, dass sie folgende neue Produkte anbietet:

- BitForce SC Jalapeno, 3,5 Ghash/s

- BitForce SC Single, 40 Ghash/s

- BitForce SC Mini Rig, 1 Thash/s

Diese neuen SHA-256 Rechner basieren auf eine ASIC Architektur. Der Unterschied zu der FPGA Architektur ist, dass anstatt eine logische Schaltung in den

Mikrochip programmiert wird, diese in den ASIC´s bei der Herstellung fest ver-
drahtet ist. Sollten diese Daten stimmen, kommt das einer Revolution des Bitcoin-
Netzwerkes gleich. Alle dargestellten technischen Möglichkeiten zum Minen sind
damit Geschichte. Gleichzeitig ist dies für das Bitcoin-Netzwerk ein sehr kriti-
scher Augenblick. Der Produzent muss sehr genau aufpassen, wem er die Rechner
verkauft. Wie weiter oben dargestellt, beträgt die Gesamtleistung des Bitcoin-
Netzwerkes ca. 11,17 Thashs/s. Sollte ein einziger Käufer mehr als 12 BitForce
SC Mini Rigs mit je 1 Thash/s erwerben, würde er mehr als 50% der gesamten
Rechenleistung in Händen halten und könnte damit das Netzwerk kompromitie-
ren. Er wäre in der Lage, wie in Kapitel 5.2 beschrieben, einen eigenen Zweig der
Block-Chain durchzusetzen. Das mit allen Konsequenzen, wie z.B. mit einem mo-
difizierten Algorithmus und manipulierten Blocks. Wir können nur hoffen, dass
Butterlylabs sich seiner Verantwortung bewusst ist und den Verkauf seiner Produkte sehr selektiv vornimmt. Ansonsten wäre es das Ende von Bitcoin, wie wir
es bis jetzt kannten.

6. Bitcoin in der Praxis

Um Bitcoins nutzen zu können, wird ein Client auf dem Rechner benötigt. Client für Apple, Linux und Windows können bei www.bitcoin.org heruntergeladen
werden. Im Playstore können Clients für das Android Handy-Betriebssysteme bezogen werden. Nach der erfolgreichen Installation versucht der Client, sich mit
dem Bitcoin-Netzwerk zu verbinden und lädt die **Block-Chain** herunter, s. Abbildung 21. Dieser Vorgang kann einige Zeit dauern. Nachdem die Blockchain

Abbildung 21: Bitcoinclient

komplett herunter geladen wurde, können Transaktionen vorgenommen werden.

Mit dem Button **Bitcoin überweisen** gelangt man auf die Überweisungsseite. Dort wird der Puplic-Key des Empfängers, eine Bezeichnung und der Betrag eingetragen. Mit dem Klick auf den Button **Überweisung** wird die Transaktion ausgeführt.(s. Abbildung 22)

Abbildung 22: Überweisung

Soll mit Bitcoin gezahlt werden , benötigt der Zahlende einen Puplic-Key vom Empfänger. Nachdem der Button **Bitcoin empfangen** angeklickt wurde, erscheint die Seite zum Generieren der Puplic-Key Schlüssel. Mit Klick auf den Button **Neue Adresse** wird ein neuer Puplic-Key erzeugt. Dieser muss an denjenigen gesendet werden, von dem eine Überweisung erwartet wird. Mit einem Klick auf dem Puplic-Key und nachfolgend auf den Button **QR-Code anzeigen** wird der QR-Code angezeigt. Dieser kann mit einem Handy eingelesen werden, um den Puplic-Key zu übertragen. Mit dem Button **Nachricht signieren** können Nachrichten mit einem Puplic-Key signiert werden. Hiermit kann demjenigen, der eine Überweisung an den Schlüssel tätigen will bewiesen werden, dass der Schlüssel zu dem Empfänger gehört(s. Abbildung 23).

6.1. Wie erhält man Bitcoin

Es gibt vier Arten, wie Bitcoin zu bekommen sind:

1. Bitcoin schenken lassen.

2. Bitcoin kaufen

3. Verkauf von Waren oder Dienstleistungen gegen Bitcoin

4. Erzeugen von Bitcoin durch Mining

(a) Bitcoin empfangen   (b) QR-Code

Abbildung 23: Bitcoin empfangen

6.1.1. Bitcoin geschenkt

Es gibt tatsächlich jemand, der Bitcoin verschenkt. Auf der Seite https://freebitco
ins.appspot.com/ verschenkt ein Enthusiast 0.005 BTC.

6.1.2. Bitcoin kaufen

Über folgende Plattformen können Bitcoin gekauft oder verkauft werden :

- **#bitcoin-otc:** ein außerbörslicher Handel, der im freenode IRC network
  beheimatet ist

- **bitcoin.de:** deutscher außerbörslicher Handelsplatz

- **Bitcoin-24.com:** An- und Verkauf von Bitcoin mit Euro

- **Bitcoinmarket24:** Bitcoins per SEPA Überweisung oder Sofortüberweisung
  aus folgenden Ländern A, BE ,CH, D, NL, ohne Registrierung, TÜV zerti-
  fizierter Zahlungsprozess

- **Bitmarket:** Bitcoinbörse

- **Euro-Bitcoin.de:** Bargeld (EUR) per Post in Bitcoin tauschen

- **FNIB:** Trading-Plattform die Bitcoin akzeptiert

- **MtGox:** größte Bitcoin-Börse

- **Schendera.de:** Bitcoin gegen Euro-Überweisung ohne Registrierung

- **Schweinehaus.de:** Wechselt Bitcoin in Rheingold

- **Ubitex:** An- und Verkauf von Bitcoins auf lokaler persönlicher Ebene

- **Vircurex:** An- und Verkauf von Bitcoins in Euro und USD, auch alternative Crypto-Währungen

- **VirWoX:** An- und Verkauf von Bitcoins gegen Linden Dollars, die in EUR, USD, GBP, und CHF konvertierbar sind. Zahlungsmöglichkeiten mit PayPal, Moneybookers, NETELLER, paysafecard, und Überweisungen. Es wird kein Second-Life-Account benötigt.

Diese Aufzählung stellt nur eine kleine Auswahl dar und erhebt keinen Anspruch auf Vollständigkeit.

Bitcoins können auch über Foreneinträge gekauft werden. Eines der zentralen Foren für Bitcoin ist https://bitcointalk.org/index.php. In diesem Forum, das Unterabteilungen in verschiedene Sprachen hat, kann unter den Rubriken Ankauf, Verkauf mit Bitcoin gehandelt werden. Der Handel über ein Forum ist recht unsicher und es bedarf viel Idealismus.

Eine etwas andere Form ist der Handel über EBay, wobei es hier die Einschränkung gibt, dass Paypal nicht genutzt werden kann.

6.1.3. Erzeugen von Bitcoin durch Mining

Bitcoins können durch Mining erzeugt werden. Es gibt zwei verschiedene Arten des Mining:

1. Das Solo-Mining

2. Das Pool-Mining

Beim Solo-Mining wird, wie der Name schon sagt, alleine gemint. Sinnvoll ist dies nur, wenn genug Rechenleistung zur Verfügung steht. Im Kapitel 5.6 wurden einige Komponenten mit ihren Leistungen zum Minen vorgestellt und verglichen.

Um Solo Mining zu betreiben, wird der in Kapitel 6 beschriebene Client benötigt. Zusätzlich bedarf es noch Mining-Software, die als Proxy zwischen dem Client und der Hardware dient. Das Miningprogramm verteilt die zu berechnenden Hashes an die Hardware und übergibt die Ergebnisse an den Client. Das Miningprogramm und der Client können auch auf verschiedene Rechner laufen. Um damit das Mining zu beginnen, müssen dem Client Parameter übergeben werden. Entweder werden diese Parameter mit einer Datei mit der Namen **bitcoin.conf** übergeben oder als **Startparameter**.

In der Tabelle 7 werden die möglichen Parameter, die in der **bitcoin.conf** eingetragen werden können, dargestellt und erläutert.

Tabelle 7: Parameter für bitcoin.conf nach Bitcoin.org

Bezeichnung	Bedeutung
rpcuser=youruser	Übergabe eines Nutzernamens
rpcpassword=yourpw	Übergabe eines Passworts
rpcallowip=0.0.0.0	Übergabe einer Ip-Adresse, wenn der Client und das Mining-Programm auf unterschiedlichen Rechner ausgeführt werden
testnet=1	Anstatt mit dem richtigen Netz nur mit dem Testnetz verbinden
proxy=127.0.0.1:9050	Verbindung über einen Proxy einrichten
addnode=69.164.218.197	Zusätzlich mit diesem Client verbinden
connect=69.164.218.197	Nur mit diesem Client verbinden
noirc=1	nicht mit irc.lfnet.org verbinden
maxconnections=	Maximale Ein- und Ausgangsverbindungen
server=1	Erlaubt dem ClientJSON-RPC zu akzeptieren
rpctimeout=30	Wie lange soll der Client auf ein vollständiges RPC HTTP request in Sekunden warten
rpcallowip=10.1.1.34	Standardmäßig sind nur vom Lokal Host RPC Verbindungen erlaubt. Mit diesem Kommando können beliebig viele externe Hosts zugelassen. Wildcard * können genutzt werden
rpcssl=1	Secure Sockets Layer (also bekannte TLS oder HTTPS] können zur Kommunikation mit dem Client genutzt werden
rpcsslciphers=TLSv1+HIGH:!SSLv2:!a NULL:!eNULL:!AH:!3DES:@STREN GTH	opnessl Parameter wenn rpcssl=1
rpcsslcertificatechainfile=server.cert	Name der Certifikat-Datei wenn rpcssl=1
rpcsslprivatekeyfile=server.pem	Dateiname für den Privat-Key, wenn rpcssl=1
gen=0	Wenn gen=1, versucht der Client mit Hilfe der CPU Blöcke zu generieren
4way=1	Benutze SSE Instruktionen, um Blöcke schneller zu generieren
keypool=100	Erzeuge im Voraus Schlüsselpaare
paytxfee=0.00	Höhe der Transaktionsgebühr
allowreceivebyip=1	Erlaubt Transaktionen direkt per IP-Adresse zu übermitteln
min=1	Starte den Client minimiert
minimizetotray=1	Starte den Client minimiert in der System Tray

Die beim Start zu übergebenen Parameter müssen in folgender Form angegeben werden:

```
bitcoind [Optionen]
bitcoind [Optionen] <Befehl> [Parameter] Sende Befehl zu -server
                                                   oder Client
```

```
bitcoind [Optionen] help              Liste alle Befehle auf

bitcoind [Optionen] help <Befehl>     Hilfetext für einen Befehl
```

In der Tabelle 8 werden die beim Start möglichen Übergabeparameter dargestellt und erläutert.

Tabelle 8: Startparameter nach Bitcoin.org

Bezeichnung	Bedeutung
-conf=<file>	Angabe einer Konfigurationsdatei, ansonsten: bit-coin.conf
-pid=<file>	Angabe einer pid Datei, ansonsten: bitcoin.pid
-gen	Erzeuge Bitcoins
-gen=0	Erzeuge keine Bitcoins
-min	Starte minimiert
-datadir=<dir>	Angabe des Datenverzeichnises
-timeout=<n>	Festlegen des Verbindungstimeout in Millisekun-den
-proxy=<ip:port>	Verbindung über ein socks4 Proxy
-dns	DNS lookups für addnode und connect erlaubt
-port=<port>	Angabe eines Ports, sonst Port 8333 oder Port 18333 Testnet
-maxconnections=<n>	Maximale Verbindungen zu anderen Peers, sonst 125
-addnode=<ip>	Füge einen node hinzu und stell eine Verbindung her
-connect=<ip>	Verbindung nur mit dem angegebenen node auf-bauen
-nolisten	Keine Verbindung von außerhalb zulassen
-nodnsseed	Benutze keine Liste von peers die DNS benutzen
-banscore=<n>	Zeitangabe für Verbindungsabbruch zu fehlerhaf-ten peers, sonst 100
-bantime=<n>	Zeitangabe in Sekunden, um wieder eine Verbin-dung zu fehlerhafter peers aufzubauen, sonst 86400
-maxreceivebuffer=<n>	Maximale Größe des Empfangspuffers für jede Verbindung(<n>*1000 bytes), sonst 10000
-maxsendbuffer=<n>	Maximale Größe des Sendepuffers für jede Verbindung(<n>*1000 bytes), sonst 10000
-noupnp	Versuche nicht UPnP zum Mappen des ab-zuhörenden Ports
-paytxfee=<amt>	Zu der Transaktion hinzuzuaddierende Gebühr pro zu sendende KB
-daemon	Client im Hintergrund ausführen und Befehle ak-zeptieren
-testnet	Benutze das Testnetz
-server	Akzeptiere Befehle und JSON RPC
-logtimestamps	Gib zusätzlich zu den debugging Informationen noch einen Zeitstempel aus
-printtoconsole	Sende die Trace- und Debugginginformationen an die Console anstatt an das debug.log File.
-rpcuser=<user>	Nutzername für Json-RPC Verbindung
-rpcpassword=<pw>	Password für JSON-RPC Verbindung
-rpcport=<port>	Benutze den Port für JSON-RPC, sonst Port 8332
Fortsetzung nächste Seite	

Bezeichnung	Bedeutung
-rpcallowip=<ip>	Erlaube JSON-RPC Verbindungen von der angegebenen IP-Adresse
-rpcconnect=<ip>	Sende Befehle an den node mit der angegebenen IP, sonst 172.0.0.1
-keypool=<n>	Setze die Key-Pool Menge auf n, sonst 100
-rescan	Überprüfe nochmal die Blockchain auf fehlende wallet-Transaktionen
-rpcssl	Nutze OpenSSL (https) für JSON-RPC Verbindung
-rpcsslcertificatechainfile=<file.cert>	Server Certificate File, sonst server.cert
-rpcsslprivatekeyfile=<file.pem>	Server Privat-Key File, sonst server.pem
-rpcsslciphers= <ciphers>	Akzeptire Chiffren, sonst TLSv1+HIGH:!SSLv2:!aNULL:!eNULL:!AH:!3DES :@S TRENGTH

Um Solo-Mining zu betreiben, muss als Startparameter folgende Zeile eingegeben werden:

```
Bitcoin.exe -server
```

In der Datei **bitcoin.conf** müssen folgende Zeilen eingetragen werden:

```
rpcuser=youruser
rpcpassword=yourpw
```

Abbildung 24: Solo Mining

Nachdem der Client läuft, muss das Miningprogramm gestartet werden. Als Beispiel wird hier das Programm **cgminer** erläutert. Dies ist für die Betriebssysteme Linux, Mac, und Windows verfügbar. Um auf einem Windows-Rechner das Minning mit einem **BitForce SHA256 Single**, der an COM3 angeschlossen ist, zu starten, muss folgende Befehlszeile eingegeben werden:

```
cgminer.exe  -o http://172.16.0.151:8332 -u youruser -p yourpw
        --disable-gpu -S COM3
```

Der Client befindet sich im LAN unter der IP-Adresse 172.16.0.151. In der Tabelle 9 werden die benutzten Parameter erläutert.(vgl. KOLIVAS 2012: 1)

Nach dem erfolgreichen Start erscheint ein Fenster, das Abbildung 24 zeigt. Ob nun erfolgreich ein Block gefunden wurde, kann im Client nachgeschaut werden. Es erscheint ein Bitcoin Eingang in Höhe von 50 BTC . Als Ertrag würde, nachdem folgende Werte: (für TageBlock s. Tabelle 6) für TageJahr=95, Tage=365 und Belohnung=50 in Formel 4, eingetragen wurde, in einem Jahr = 192 BTC eingenommen werden. Die berechneten Werte sind nur Durchschnittswerte, ob der Ertrag erreicht wird, hängt davon ab, ob wirklich in der durchschnittlichen Zeit von 95 Tagen ein Block gefunden wird.

$$\frac{Tage}{TageBlock * Belohnung} = BTCJahr \tag{4}$$

Formel 4: Hashwerte Ertrag Solomining

Tabelle 9: Startparameter für cgminer (KOLIVAS 2012)

Befehl	Bemerkung
-o	URL für bitcoin JSON-RPC Server
-u	Benutzer
-p	Passwort
–disable-gpu	nicht die GPU zum minen nutzen
-S	Überprüfe den angegebenen Port, ob ein FPGA angeschlossen ist

Viele Miner, die über nur geringe Rechenleistung verfügen, schließen sich zu Mining-Pools zusammen. Der Vorteil liegt darin, dass durch die Ballung von Rechenleistung in viel kürzeren Abständen Blocks gefunden werden und durch die anteilige Beteiligung an der Belohnung ein stetiger Zahlungsstrom entsteht.

Eine Poolsoftware verteilt die zu berechnenden Hashes an die beteiligten Miner, diese lassen durch ihre Miningsoftware, wie z.B. cgminer, die Hashes berechnen und liefern die Ergebnisse, auch Shares genannt, an den Pool zurück. Die Miningsoftware erhält von der Poolsoftware Informationen über die abgelieferten Shares zurück. Der Poolbetreiber stellt gegen eine Gebühr einen Webserver mit einem entsprechenden Frontend zur Verfügung. Durch dieses können sich die Miner Informationen anzeigen lassen. Welche das sind, ist von Pool zu Pool unterschiedlich. Die Aufteilung der Belohnung für gefundene Blocks erfolgt je nach Pool nach unterschiedlichen Kriterien. Einige Gewinnaufteilungsmodelle sollen das so-

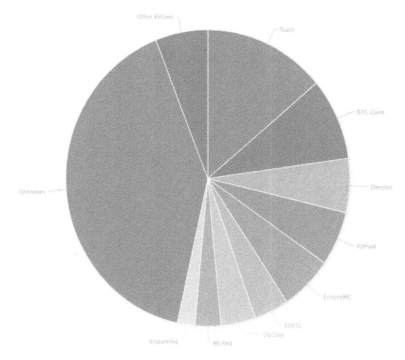

Abbildung 25: Miningpools (BLOCKCHAIN 2012)

genannte Poolhopping unterbinden oder zumindest erschweren. Unter Poolhopping wird das Wechseln zu einem anderen Pool nach einer bestimmten Anzahl abgelieferten Shares verstanden. Miner wollen damit ihren Ertrag erhöhen.

Als Beispielpool wird **deepbit.net** verwendet. Es ist einer der großen Pools im Bitcoin-Netzwerk. Der Pool verwaltete am 05.06.2012 ca. 3.200 Ghash/s. In Abbildung 25 werden die Anteile von einigen Mining-Pools im Bitcoin-Netzwerk mit der Gewichtung nach der Hash-Rate dargestellt.

Nach der Registrierung muss als erstes unter dem Menüpunkt **My account** eine eigene Bitcoinadresse eingetragen werden. Sie wird für die Auszahlung der Erträge benötigt, anschließend ein Auszahlungszielbetrag angegeben. Wird dieser Betrag erreicht oder überschritten, erfolgt eine Auszahlung an die eingetragene Bitcoinadresse. Der Minimalbetrag liegt bei 0,01 BTC. Anschließend muss ein **Worker** eingerichtet werden. Für jede Hardwarekomponente, die zum Berechnen der Shares genutzt wird, sollte ein eigener **Worker** eingerichtet werden. Hierdurch lässt sich leicht überprüfen, ob die Mininghardware richtig arbeitet.

Als erstes muss ein Name für den Worker eingegeben werden, als nächstes ein Passwort. Im folgenden Feld kann eine Fehler-Reaktionszeit in Minuten erfasst

Abbildung 26: deepbit.net

werden und die Option, ob nach Ablauf der Zeit eine E-Mail gesendet werden soll.
Mit dieser Optionen erhält man sofort eine Meldung, wenn mit der Mininghardware, der Software oder der Verbindung etwas nicht in Ordnung ist. Nun muss
noch die Methode gewählt werden, wie die Beteiligung an den Erträgen aussehen
soll. Es stehen zwei Methoden zur Auswahl:

1. Pay-Per-Share

2. Proportional

Mit der Pay-Per-Share Methode wird ein fester Betrag für jede abgeliefer-
te Share bezahlt. Zum Zeitpunkt der Erstellung der Arbeit wurden pro Share 0.00002828276547558 BTC gezahlt. Die proportionale Methode ermittelt das
Verhältnis der abgelieferten Shars zu den gesamten Shars für das Errechnen des
Blocks. In diesem Verhältnis erfolgt die Beteiligung an der Belohnung zur Erzeugung des Blocks.

Nachdem alle Parameter eingetragen worden sind, sieht die Seite **My account** ähnlich wie in Abbildung 26 aus. Im Miningpool sind jetzt alle Einstellungen vorgenommen, als nächstes müssen die Startparameter für das Miningprogramm angegeben werden.

```
cgminer.exe -o http://pit.deepbit.net:8332 -u testminerdeep@googlem
            ail.com_test -p a --disable-gpu -S COM3
```

Die Startparameter können auch in eine Batch-Datei gespeichert und damit aufgerufen werden. Nun beginnt die Mininghardware für den Pool zu arbeiten. Nach ca. 10 Minuten können die Höhe der Mhashs und nach ca. 1 Stunde die verdienten Bitcoins abgelesen werden. Eigenversuche mit einem **BitForce SHA256 Single** zeigten, dass innerhalb von 30 Tagen ca. 500.000 Sahres berechnet werden können. Wenn die Pay-Per-Share Zahlungsmethode verwendet wird, kann nach der Formel 5 ein Ertrag von 169,6965929 BTC pro Jahr erreicht werden.

$$SharesMonat * BTCShare * Monate = BTCMonate \qquad (5)$$

Formel 5: Ertrag Poolmining

Bei Wahl der proportionalen Beteiligung würde in etwa der gleiche Wert wie durch die Berechnung mit Formel 4 erreicht werden. Der Unterschied zum Pay-Per-Share besteht darin, dass die Pay-Per-Share Auszahlung garantiert ist. Die proportionale Beteiligung ist vom Glück des Pools beim Finden der Blocks abhängig. Von dem erwirtschafteten Betrag werden vom Pool 3% Gebühren abgezogen.(DEEPBIT.NET 2012)

6.2. Bezug von Waren und Dienstleistungen mit Bitcoin

Abbildung 27: Golden accepted here Bitcoin

Folgend werden einige Beispiele aufgezeigt, in denen es möglich ist, Waren und Dienstleistungen mit Bitcoin zu bezahlen:

- **Second4Life:** Wertstoffe können online verkauft werden:
  http://www.second4life.com

- **Bitmit:** Onlineauktionshaus, das als Zahlungsmittel ausschließlich Bitcoin akzeptiert: **http:www.bitmit.net**

- **Edle Welten:** Ein Onlinewarenhaus für Feinschmecker: http://edle-welten.de

- **elegante Duefte:** Ein Parfümerie Onlinehandel: http://www.eleganteduefte.de

- **Musikhaus Schulte:** Musikinstrumente und Zubehör: http://www.realmusicshop.de

- **Operation Fabulous:** Online-Werbung: http://www.operationfabulous.com

- **deepcode one Cross:** Media-Entwicklung: http://www.deepcode-one.com

- **Baby Natur Versand:** Hier kann alles rund ums Baby gekauft werden: http://baby-natur-versand.de

- **Room77:** Texanische Küche in: **Berlin, Graefestraße 77**

Als Zeichen für die Akzeptans von Bitcoin gilt das in Abbildung 27 dargestellte Logo. Die Akzeptanz von Bitcoin ist in der Wirtschaft noch sehr rar gesät. Durch zunehmende Verbreitung und einer leichteren Handhabung von Bitcoin wird das Interesse zunehmen. Bitcoin ist in der Bezahlung schneller als herkömmliche Überweisungen und preiswerter als Kreditkarten.

6.3. Bitcoin als Spendenkonto

Als die Enthüllungsplattform Wikileaks vertrauliche und geheime Dokumente des US-Außenministeriums veröffentlichte, wurden bei folgenden US-Banken die Spendenkonten gesperrt:

- VISA

- MasterCard

- PayPal

- Western Union

- Bank of America

Damit war Wikileaks von 95% seines Spendenaufkommens abgeschnitten. Als Reaktion darauf richtete Wikileaks die Möglichkeit, mit Hilfe von Bitcoin zu spenden, ein. (WIKILEAKS 2012)

Die Bitcoinadresse für Spenden an Wikileaks lautet:

1HB5XMLmzFVj8ALj6mfBsbifRoD4miY36v

Unter **http://blockexplorer.com** kann nachgeschaut werden, wieviel auf diese Adresse gespendet wurde.

Bitcoin bietet sich förmlich dazu an, für Spenden genutzt zu werden. Die relative Anonymität , die Abwicklung ohne eine Bank dazwischen zu schalten, die Schnelligkeit der Transaktion und die Transparenz.

7. Bitcoin Heute und Zukünftig

Seit das Bitcoin-Netzwerk aus der Taufe gehoben wurde, sind mittlerweile mehr als 4 Jahre vergangen. Bitcoin hat seit dem Start schon einige Turbulenzen mitgemacht. Der Kurs stieg von seiner ersten Entstehung im Jahr 2009 auf ca. 0,20 Dollar im Dezember 2010, auf über 28 Dollar im Juni 2011, stürzte danach ab auf ca. 2,10 Dollar im Oktober 2011 und hat sich jetzt im Juni 2012 auf 5,44 Dollar hochgearbeitet. (BITCOIN CHARTS 2012b) Die nächste große Bewährungsprobe

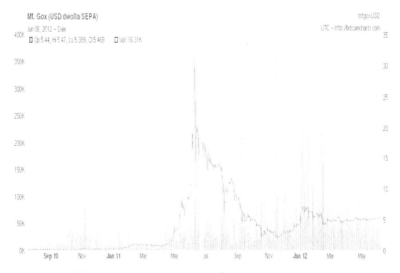

Abbildung 28: Bitcoin Chart (BITCOIN CHARTS 2012b)

wird das Bitconsystem im Herbst 2012 zu bewältigen haben. Wie in Kapitel 5.6

erläutert, wird sich die Belohnung für die Miner auf 25 BTC pro gefundenen Block reduzieren. Wie sich die einzelnen Nutzer verhalten werden ist unklar.

Es gibt mehrere Szenarien:

1. Der Kurs wird sich verdoppeln und damit sich der Ertrag im Endeffekt nicht ändern.

2. Der Kurs wird sich nicht großartig ändern, viele Miner werden aufhören zu minen, die Difficulty wird soweit zurückgehen, dass sich das Minen für die verbliebenen Miner wieder lohnt.

3. Der Kurs wird steigen und die Difficulty sinken, so das im Endeffekt der Ertrag der Miner gleich bleibt.

4. Das Bitcoinsystem wird für die meisten Nutzer uninteressant, sie wenden sich ab und Bitcoin wird in der Versenkung verschwinden.

Die Kurse orientieren sich nach dem Angebot, das durch die Miner erzeugt wird und die Nachfrage, die z.Z. eher spekulativer Natur ist. Die Miner werden nicht unter den Herstellungskosten verkaufen. Ob die Spekulation auf einen kleineren Zufluss und die durch die Halbierung der Miningerlöse erhöhten Produktionskosten eine Verdoppelung, wie in Szenario 1 dargestellt, bewirkt, bleibt abzuwarten.

Der im Szenario 2 dargestellte Rückgang der Difficulty wird nur in geringem Maße geschehen. Nur die Miner werden aufhören, deren Strompreis so hoch ist, dass es für sie nur noch ein Verlustgeschäft ist. In vielen Ländern außerhalb der EU ist der Strompreis um einiges günstiger. Diese Miner werden mit ihrem vorhandenen Equipment solange weiter machen, wie es sich für sie rentiert.

Das wahrscheinlichste Szenario scheint das 3. zu sein. Eine Kombination aus Kurssteigerung und Rückgang der Difficulty wird das Bitcoinsystem im Gleichgewicht halten. Gleichzeitig werden viele Miner nur noch Transaktionen mit Transaktionsgebühren verarbeiten.

Welches dieser Szenarien zutreffen wird, bleibt abzuwarten. Ein Indiz spricht zumindest gegen Szenario 4, z.Z. wird sehr viel Geld in FPGA-Rechner investiert. Diese Miner werden wegen der hohen Investitionssummen in absehbarer Zeit das Minen nicht einstellen.

7.1. Andere alternative Währungen

Auf der Basis vom Bitcoinsystem haben sich noch andere digitale Geldersatzwährungen gebildet.

Als Beispiele sind hier Litecoin und Namecoin genannt.

Litecoin versteht sich als das Silbergeld in Bezug auf Bitcoin. Es kann alle 2,5 Minuten ein Block generiert werden und für die Berechnung eignen sich moderne CPU's. Der Wert eines Litecoin in Dollar ist Stand 11.06.2012 0,0032685 LTC

Namecoin basiert auf Bitcoin, verwendet aber eine eigene Block-Chain. Es ist ein alternatives DNS-System. Zum Auflösen der Domain benötigt man die Block-Chain oder einen an dem System teilnehmenden Nameserver.

Beispiele für alternative Währungen, die nur in elektronischer Form existieren und auf virtuelle Welten begrenzt sind:

- **Linden-Dollar:** Währung der virtuellen Welt von **Second Life** über Börsen in reale Währungen handelbar

- **WOW-Gold:** Währung der virtuellen Welt **World of Warcraft** kann auf Internetplattformen mit realen Währungen gekauft werden

- **PE-Dollar:** Währung der virtuellen Welt **Entropia Universe**, feste Bindung an den US-Dollar im Verhältnis 10:1, nur über die Entropia Universe Plattform zu kaufen

Linden-Dollar ist die virtuelle Währung von **Second Life**, die nicht fest an eine reale Währung gebunden ist. Linden-Dollar werden börsenähnlich gehandelt. **Second Life** ist kein online-Spiel, sondern eine von Lindenlabs erschaffene virtuelle Welt, in der die Nutzer miteinander kommunizieren und virtuelle Dinge erschaffen können. Ein großer Teil der **Linden-Dollars** wird mit virtuellem Grunstückshandel umgesetzt. Berühmtestes Beispiel ist hierfür Anshe Chung, mit richtigem Namen Ailin Gräf, die als virtuelle Maklerin zur Millionärin geworden ist.(ZEIT ONLINE 2007)

World of Warcraft ist ein MMORPG von Blizzard Entertainment. In einer mittelalterlichen Welt müssen Abenteuer bestanden werden, sogenannte Quests. Für das erfolgreiche Bestehen erhält der Spieler Gold, mit dem er virtuelle Gegenstände kaufen kann. Dieses **WOW-Gold** kann außerhalb des Spiels gekauft werden, die Übergabe findet im Spiel über die Postfachfunktion statt. Offiziell ist der Handel außerhalb des Spiels von Blizzard-Entertainment nicht erlaubt, wird aber geduldet. Durch ein nach und nach ausgebautes, nicht übertragbares Punkte- und Belohnungssystem im Spiel, hat die Bedeutung von **WOW-Gold** nachgelassen.

An dem Universum von **Entropia Universe**, bestehend aus mehreren Planeten, zu denen ständig Neue hinzukommen und verschiedene Storylines aufweisen, kann auf sehr unterschiedliche Art und Weise teilgenommen werden. Es ist ein MMOFPS, das von MindArk konzipiert wurde. Die Avatare können praktisch einen unendlichen Stufenaufstieg durchlaufen, in dem alle virtuellen Gegenstände **PE-Dollar** kosten. Es können Gegenstände hergestellt und in virtuellen Läden oder einer virtuellen Börse verkauft werden. Der Handel ist auch direkt von Spieler zu Spieler möglich. Im Jahr 2006 hatte Neverdie alias Jon Jacobs für 100.000 US-Dollar einen virtuellen Asteroiden samt virtuellem Nachtclub gekauft.(LOBER 2006) Die interne Währung ist der **PE-Dollar** und ist fest an den US-Dollar 1:10 gebunden. Der Umtausch ist nur über die Spieleplattform möglich(s. Abbildung 29).(LOBER 2006)

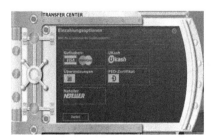

Abbildung 29: Einzahlungsmenü(MINDARK)

Die oben beschriebenen virtuellen Währungen haben eins gemeinsam, sie können als Zahlungsmittel nur innerhalb ihrer virtuellen Welt verwendet werden.

Neben den virtuellen Währungen sind auch reale, alternative Währungen entstanden. Aufbauend auf einer Idee von Sivio Gesell (vgl. GESELL 2009: 235 ff.) aus den zwanziger Jahren des vorherigen Jahrhunderts, lebte die Idee des Regiogeldes wieder auf. Unter dem Regiogeld-Verein haben sich bereits 28 regional begrenzte alternative Währungen herausgebildet. Weitere 37 Projekte sind in der Vorbereitung (Stand Juni 2012). Gemeinsame Merkmale dieser alternativen Währungen sind:

- Regionale Begrenzung

- Versehen mit einem Umlauf-Impuls

- Gebunden an den Euro

Beispiele für die alternativen Währungen sind:

- Der Regio, Wolfratshausen

- Eder-Taler, Edertal-Anraff

- Roland, Bremen

Außer diesen gemeinsamen Merkmalen haben die verschiedenen Währungen unterschiedlichste Ausprägungen. Sie sind eher im Bereich des Marketing durch Schaffung von Kundenbindung zu sehen, als ein wirklicher Ersatz bestehender Währungen.(REGIOGELD E.V. 2012) In Abbildung 30 werden Regio-Scheine aus Wolfratshausen dargestellt.

Abbildung 30: Der Regio(DER REGIO E.V.)

7.2. Bitcoin und das heutige Geldsystem

In Kapitel 3 wurde Geld in folgende Kategorien eingeordnet:

- Formen von Geld

- Funktionen von Geld

- Motive der Geldhaltung

Wo ist nun Bitcoin einzuordnen? In der Kategorie **Formen von Geld** ist hier eindeutig die Form von Buchgeld, die auf Bitcoin zutrifft. Bitcoin gibt es nicht als gedruckten Schein oder als werthaltige Kurantmünze, die auch als Ware gelten könnte. Bitcoin ist nur in der Block-Chain vorhanden, (s. Kapitel 5.3) etwa vergleichbar mit der Verbuchung einer Einlage auf der Bank.

Bitcoin erfüllt alle drei Geldfunktionen.

Bitcoin hat eine **Wertaufbewahrungsfunktion**, es unterliegt, wie das uns bekannte Geld, nur den üblichen Kursschwankungen und erlaubt den Transfer von Kaufkraft von der Gegenwart in die Zukunft.

Bitcoin erfüllt die **Recheneinheitsfunktion**. Waren und Dienstleistungen können, bezogen auf die Tauschrelation Bitcoin, getauscht werden. Mit Hilfe von Bitcoin können Waren leichter getauscht werden, es muss nicht lange nach einem geeigneten Tauschpartner gesucht werden und durch die Preisauszeichnung mit Bitcoin können Werte leichter miteinander verglichen werden. Die **Tauschmittelfunktion** ist auch mit Bitcoin erfüllt.

Die Motive zum Besitz von Bitcoin sind die Gleichen, wie bei dem uns gebräuchlichen Geld. Bitcoin kann, wie in Kapitel 6.2 aufgeführt, mittlerweile für den Kauf von Waren und Dienstleistungen verwendet werden. Es dient der Kassenhaltung und erfüllt damit das **Transaktionsmotiv**.

Bitcoins können als Rücklage für zukünftige Zahlungen nach dem **Vorsichtsmotiv** einbehalten werden. Durch die hohe Deflationsneigung von Bitcoin eignet es sich als Spekulationsobjekt und erfüllt auch das **Spekulationsmotiv**.

Wie es sich zeigt, hat Bitcoin alle Merkmale von Geld und ist deshalb per Definition auch Geld. Einzig die staatliche Anerkennung nach § 14 Absatz 1 Satz 2 BBankG als gesetzliches Zahlungsmittel mit Annahmepflicht, ist bis heute noch nicht erreicht. Bitcoin ist als ausländische Währung ohne Staat anzusehen. Die Annahme von Bitcoin kann im Rahmen der Vertragsfreiheit auch vertraglich vereinbart werden. In Kapitel 3.5 wurde die Theorie der Geldschöpfung erläutert. Die Zentralbank gibt Geld an die Banken, das diese an Nichtbanken verleihen. Ein Teil des verliehenen Geldes fließt als Einlage wieder zurück zu den Banken, das diese wiederum verleihen. Somit wird durch das Kreditgeschäft der Banken die Geldmenge, ohne die Möglichkeit des Eingreifens durch die Zentralbank, Geld geschaffen.

Auch der Multiplikatoreffekt ist bei Bitcoin möglich. Wenn Nichtbanken sich bei Banken Bitcoins leihen und ein Teil dieser Bitcoin auf Konten der Banken gehalten werden, können diese Bitcoins wieder verliehen werden. Dies ist dadurch möglich, dass Konten bei den Banken nicht gleich Bitcoinadressen seine müssen. (Eine vergleichbare Praxis wird bei Mt Gox angewandt, wobei Mt Gox kein Kreditgeschäft betreibt.) Ob aber die Nutzer von Bitcoin dies in gleichem Umfang bei Banken deponieren würden, wie es mit dem derzeitigem Geld geschieht, ist kaum vorher zu sagen. Die Banken müssten dafür Anreize schaffen, wie etwa:

- Zinsen auf die Einlagen

- Sicherheit der Einlagen

- Serviceangebote

Dem entgegen steht die Möglichkeit des Nutzers von Bitcoin, diese auf dem eigenen Rechner problemlos zu halten. Hier ergeben sich aber Nachteile gegenüber der Bankhaltung, die umgekehrt denen der Vorteile durch die Banken sind. Der Nutzer hat die gleiche Wahl wie bei Bargeld. Er selbst bestimmt, ob das Bargeld unter dem Kopfkissen versteckt oder auf ein Bankkonto eingezahlt wird. Anders sieht es bei dem bargeldlosen Zahlungsverkehr aus. Der Nutzer müsste z.B. für Lohn- und Gehaltszahlungen kein Bankkonto besitzen, sondern würde bei seinem Arbeitgeber nur eine Bitcoinadresse hinterlegen. Es wäre ein Stück Entscheidungsfreiheit des Einzelnen. Ob die Gewichtung weiterhin so groß bei den Banken wäre oder sich dies zu den einzelnen Nutzern verschieben würde, kann nicht vorhergesagt werden.

Im Kapitel 2 wurde aufgezeigt, dass immer wieder durch die Maßlosigkeit der Herrschenden, die Geldmenge erhöht und damit Inflation erzeugt wurde. Dies ging soweit, dass das Geld, wie während der Hyperinflation im Deutschen Reich, wertlos wurde. Mit Bitcoin ist dies nicht möglich, Regierende können die Menge an Bitcoin nicht erhöhen Die Menge ist im Code festgelegt und kann nur durch die Mehrheit der Teilnehmer geändert werden.(s. Kapitel 4.2.2) Bitcoin ist grenzübergreifend und nicht an nationale Grenzen gebunden. Es ist weltweit verfügbar. Es ist keine nationalen Gesichtspunkten unterworfene Währung. Durch die Möglichkeit, Bitcoin wie in Kapitel 5 beschrieben, bis auf die achte Stelle zu stückeln, wird eher eine Deflation stattfinden als eine Inflation. Durch die erwartete Wertsteigerung werden die Nutzer versuchen, Bitcoin zu halten. Dies ist auch die größte Gefahr für den Bitcoin-Wirtschaftskreislauf.

Bitcoin teilt die Eigenschaften von Bargeld und Buchgeld, einerseits können mit Bitcoin direkt Waren und Dienstleistungen bezahlt werden, andererseits entspricht die Struktur (s. Kapitel 5.5)von Bitcoin den von Sichtguthaben auf Konten (s. Kapitel 2.4). Bitcoin könnte sich wie Bar- und Buchgeld nach der Geldmengendefinition der Europäischen Zentralbank in die Geldmenge M1 einordnen lassen.

7.3. Verbesserungsmöglichkeiten von Bitcoin

Bitcoin ist nicht perfekt, Bitcoin ist ein Versuch, eine Währung ohne Autoritäten zu schaffen. Bitcoin hat in der kurzen Zeit seines Daseins schon einen weiten Weg zurückgelegt. Es muss sich, um allgemein akzeptiert zu werden, noch einiges verbessern und vereinfachen. Der Bitcoin-Client ist noch sehr rudimentär.

Einige wichtige Funktionen fehlen:

- Backupfunktion der wallet mit Erkennung von Änderungen bei versehentlicher Rücksicherung

- Ausdrucksmöglichkeit der Schlüsselpaare aus der wallet, um diese als Papier zu sichern

- Im- und Export der Schlüsselpaare

- Schnelleres Laden der Block-Chain aus dem Internet

- Nutzung mehrerer wallets

Das größte Hindernis für die alltägliche Nutzung von Bitcoin ist die Wartezeit für die Bestätigung der Richtigkeit der Transaktion. Hierfür wäre eine aufladbare Bitcoin-Karte geeignet, die den gezahlten Betrag von dem verfügbaren Betrag auf der Karte mindert, um so sicherzustellen, dass kein Betrag mehrfach ausgegeben werden kann. Denkbar könnte auch die Zwischenschaltung einer vertrauenswürdigen Instanz sein, die die Richtigkeit der Transaktion garantiert. Eine solche Instanz würde aber dem Grundgedanken von Bitcoin widersprechen, Transaktionen ohne eine solche Instanz ausführen zu können.

Für die alltägliche Nutzung von Bitcoins gibt es mittlerweile Apps für Android. Auf iPhone ist die Verwendung von Bitcoin nicht erlaubt, für Windows Phone fehlt eine solche Implementierung.

Ein Problem stellen verloren gegangene Bitcoins dar. Geht eine **wallet** verloren, z.B. wenn eine Festplatte einen technischen Defekt hat, so sind alle, an die in der wallet gespeicherten Privat-Key gebundenen Beträge, für immer verloren. Wenn alle 21.000.000 Bitcoins erschaffen worden sind, wird sich die Menge der Bitcoins ständig durch Verlust verringern. Dies kann durch die Stückellungsmöglichkeit leicht aufgefangen werden, erzeugt aber auch Deflation. Denkbar wäre ein Mechanismus, der die Bewegung von Bitcoins in gewissen Zeitintervallen vorschreibt. Geschieht dies nicht, werden diese nicht bewegten Bitcoins freigegeben und an die Miner beim Erstellen neuer Blocks ausgegeben. Diese Bewegung der Bitcoins könnte als Automatismus im Client verankert werden.

7.4. Hat Bitcoin eine Zukunft?

Bitcoin hat nur eine Zukunft, wenn eine größere Akzeptanz erreicht wird. Dies kann nur durch eine Vereinfachung der Nutzung erfolgen. Es müssen technische Möglichkeiten entwickelt werden, die dem Nutzer einen leichten und sicheren Umgang mit Bitcoin möglich machen. Erst wenn eine Zahlung an der Supermarktkasse mit Bitcoin genauso leicht möglich ist, wie heute mit einer Kreditkarte, wird sich Bitcoin als allgemein gültiges Zahlungsmittel durchsetzen können.

Ein weiteres Problem ist die ungeklärte Rechtslage. Was ist Bitcoin aus der Sichtweise des Finanzamtes eigentlich? Ist es eine Währung, würde Bitcoin steuerlich auch genauso behandelt werden oder ist es eine Ware, die gekauft und verkauft werden kann? Als Ware würde das Problem der Umsatzsteuer aufkommen. In welchem Land sind Bitcoins zu besteuern? Im Extremfall sind die Bitcoins in jedem Land der Erde. Jeder Client hat die gesamte **Block-Chain**. Diese Problematiken sind noch nicht geklärt und man wird abwarten müssen, wie sich die Rechtslage entwickeln wird.

Ein weiteres Hindernis, um Bitcoin als Zahlungsmittel zu nutzen, ist die Deflationsneigung von Bitcoin. Selbst wenn alle Bitcoins erzeugt wurden, kann jeder Bitcoin bis auf 10^{-8} BTC geteilt werden, das würde eine Bitcoin-Menge von $2,1*10^{15}$ ergeben. Würde nach der Teilung ein Bitcoin den gleichen Wert wie heute haben, könnte der heutige Bitcoin sehr wertvoll sein. Durch solche Überlegungen neigen zwangsläufig viele dazu, Bitcoin nur als Anlageobjekt zu sehen. Ob dieser theoretische Wert jemals erreicht wird, kann niemand sagen.

Firmen, deren Geschäftsmodell durch Bitcoin Konkurrenz bekommen, werden sich gegen Bitcoin stellen. Paypal verweigert Zahlung im Zusammenhang mit Bitcoin. In den Communities wird immer wieder von Fällen berichtet, in den Banken Konten sperren oder Zahlungen nicht ausführen, die in Zusammenhang mit Bitcoin stehen.

Vor allem die Regierenden werden sich vermutlich gegen Bitcoin stellen. Sie würden mit Bitcoin ihre Einflussmöglichkeiten auf die Währung verlieren und damit auch an Macht. Das Instrument der Druckerpressen zur Geldvermehrung würde ihnen genommen. Staatsschulden könnten nicht mehr durch Inflation oder einer Währungsreform getilgt werden. Nur der Markt würde den Wert der Währung bestimmen. Die Staaten würden gezwungen sein, ihre Haushalte nach wirtschaftlichen Gesichtspunkten zu führen. Die Geldquellen könnten nicht mehr so üppig sprudeln und die Schuldenberge maßlos erhöhen.

Bitcoin per Gesetz zu verbieten könnte durch die Technik des Peer-to-Peer-Netzes und seiner dadurch bedingten Globalität nicht durchgesetzt werden. Nur die Nutzer können durch ihr Verhalten Bitcoin am Leben erhalten oder untergehen lassen.

Anhang

A. Block

```
{
  "hash":"000000000000020b5cda0ceed3fb42020e29342d245ffb15ba1cf2fc91056e36",
  "ver":1,
  "prev_block":"000000000000057328ada17a646f34537c8f7e4d3f2178c4e4b80bca73090d93",
  "mrkl_root":"971a838c46e3b2ff878cebbd6d1b54df5305ad398b9edd7c29933c216d1e31a2",
  "time":1338009133,
  "bits":436898655,
  "nonce":2185791200,
  "n_tx":3,
  "size":887,
  "tx":[
    {
      "hash":"24151b955caf05c96e28bb4eae6b2695e9661a7c8641f781e1d4932800c482ea",
      "ver":1,
      "vin_sz":1,
      "vout_sz":1,
      "lock_time":0,
      "size":142,
      "in":[
        {
          "prev_out":{
            "hash":"0000000000000000000000000000000000000000000000000000000000000000",
            "n":4294967295
          },
          "coinbase":"045f8b0a1a024602062f503253482f"
        }
      ],
      "out":[
        {
          "value":"50.00100000",
          "scriptPubKey":"04e1e0a8a9e553c970dce34074ecfc479d15817f078e9e3a241652b8aabfd06877c13310da6e5285a0befeac1bb6eeaf64e2dc0b
e2be04c6031308f0be30f1c25b OP_CHECKSIG"
        }
      ]
    },
    {
      "hash":"459e9dd7a3d5d6ce315449b96ac0a72799fc4636428d09dafbe0ee3622b3f8b5",
      "ver":1,
      "vin_sz":2,
      "vout_sz":2,
      "lock_time":0,
      "size":438,
      "in":[
        {
          "prev_out":{
            "hash":"f201faa1468670fe50b09cfbfb896ceab1cce10db3376ada374a5d0d599410f9",
            "n":1
          },
          "scriptSig":"3045022100b4e4a3ca72ececf1f8145afe3e5b98b2b88e7be0d21d2a573e6832e7b521f8460220041e92cd41239d662440761973024
985b3f362b311fdb32c26ce6a3c7abd070d01 048cc0b94178715f03ed3d0bceb368191d0fdd7fc16d806567f6f2c45aecafb8f53e5ef84956407218
9b9b4f8bfe1564da776567ba359cfb0c05e839bcf65371ab"
        },
        {
          "prev_out":{
            "hash":"8521c2cd868e28dc51062472426b5ea4e76376211d5963368e7d72ea7543f9b0",
            "n":1
          },
          "scriptSig":"304502205ad91300f292cbd0a285880dd73849109f299094808fa2d6fcd595e062dd5251022100d2a6b3a98fd609bb847e22479e7b9
6d3af13e16210221cef83ae1fbf99ea999301 0462272a3b27c02fc690c9a0115c7adda1869058dac3e7d8c1e389293f8aa082701e424e72968d869b
5179e98880457437f9dcb1fbbb0d09ebc5ea7a4d725c179d"
        }
      ],
      "out":[
        {
          "value":"0.50250999",
          "scriptPubKey":"OP_DUP OP_HASH160 4aedfd398ac3b936550557a6617a4b995dcd7819 OP_EQUALVERIFY OP_CHECKSIG"
        },
        {
          "value":"4.52299001",
          "scriptPubKey":"OP_DUP OP_HASH160 d0240ff3abc07b7780abace5850975dc3798a170 OP_EQUALVERIFY OP_CHECKSIG"
        }
      ]
    },
    {
      "hash":"8c7c7f7891308887ed2c8c9b07758c8e06b05d90e5e4342c8600f5477578d55f",
      "ver":1,
      "vin_sz":1,
      "vout_sz":2,
      "lock_time":0,
      "size":226,
      "in":[
        {
          "prev_out":{
            "hash":"39b7ce4661d0c92ac39a13408bf0c963786ecd72f6b5b389301283f9cef8aaea",
            "n":0
          },
          "scriptSig":"3045022064f6955dd128cb99e2e325c0755efad18a56cf2745fa26e12dfae63cf53c7597022100d11c64034c68cb2236178a00e1607
7677c78ad1d8ae439c894c9fa981e6e349201 0254fe7600976c54bc99ff486fba0a95bcdca3edde7b2950c57cb378fd9b978bd3"
        }
      ],
      "out":[
        {
          "value":"0.03484279",
          "scriptPubKey":"OP_DUP OP_HASH160 0d92ba8f937d1b3496860d582f3a915d6968e264 OP_EQUALVERIFY OP_CHECKSIG"
        },
        {
          "value":"0.10500000",
          "scriptPubKey":"OP_DUP OP_HASH160 06f1b66ffe49df7fce684df16c62f59dc9adbd3f OP_EQUALVERIFY OP_CHECKSIG"
        }
      ]
    }
  ],
  "mrkl_tree":[
    "24151b955caf05c96e28bb4eae6b2695e9661a7c8641f781e1d4932800c482ea",
    "459e9dd7a3d5d6ce315449b96ac0a72799fc4636428d09dafbe0ee3622b3f8b5",
    "8c7c7f7891308887ed2c8c9b07758c8e06b05d90e5e4342c8600f5477578d55f",
    "1f7cf804ffaba7aa86617b38174b937a0774d2b99e2517b32d6d55bb8ca013b8",
    "ae5ed7fb479e74cf820e11b95af01773a7f0e7055a5bd300e081b13a10620bca",
    "971a838c46e3b2ff878cebbd6d1b54df5305ad398b9edd7c29933c216d1e31a2"
  ]
}
```

Abbildung A.1: Block 181622 (BLOCKEXPLORER.COM 2012c: 1)

Literatur

AMD: AMD Radeon HD 7970 Grafikkarte. Online im Internet: „URL:http://www.amd.com/de/products/desktop/graphics/7000/7970/Pages/radeon-7970.aspx [Stand: 31.05.2012]", 2012

Anderegg, Ralph: Grundzüge der Geldtheorie und Geldpolitik. Oldenbourg Wissenschaftsverlag, 2007

Becker, Georg: Merkle Signature Schemes, Merkle Trees and Their Cryptanalysis. Online im Internet: „http://imperia.rz.rub.de:9085/imperia/md/content/seminare/itsss08/becker.pdf [Stand: 25.05.2012]", 2008

Bitcoin Charts: Bitcoin Network. Online im Internet: „URL:http://bitcoincharts.com/bitcoin/ [Stand: 04.06.2012]", 2012

Bitcoin Charts: Pricechart. Online im Internet: „URL:http://bitcoincharts.com/charts/mtgoxUSD#tgSzm1g10zm2g25zv [Stand: 06.06.2012]", 2012

Bitcoin network graphs: Total network hashing rate. Online im Internet: „URL:http://bitcoin.sipa.be/ [Stand: 04.06.2012]", 2012

Bitcoin.org: Bitcoin.org. Online im Internet: „URL:http://bitcoin.org/ [Stand: 07.05.2012]", 2012

Bitcoin.org: Ma_Mony. Online im Internet: „URL:https://github.com/bitcoin/bitcoin/blob/master/src/main.h[Stand: 18.05.2012]", 2012

Blockchain: Hashrate distribution. Online im Internet: „URL:http://blockchain.info/pools [Stand: 04.06.2012]", 2012

blockexplorer.com: Block 0. Online im Internet: „URL:http://blockexplorer.com/block/000000000019d6689c085ae165831e934ff763ae46a2a6c172b3f1b60a8ce26f [Stand: 07.05.2012]", 2012

blockexplorer.com: Blockexplorer. Online im Internet: „URL:http://blockexplorer.com/block/

00000000000003ea91227d7e74985d753 8d0b8d15ff284e48fc41be634b6fd97[Stand: 21.05.2012]", 2012

blockexplorer.com: Blockexplorer. Online im Internet: „URL:http://blockexplorer.com [Stand: 25.05.2012]", 2012

blockexplorer.com: Genesis Block. Online im Internet: „URL:http://blockexplorer.com/rawblock/000000000019d6689c085ae16583 1e934ff763ae46a2a6c172b3f1b60a8ce26f [Stand: 07.05.2012]", 2012

Borchert, Manfred: Geld und Kredit: Einführung in die Geldtheorie und Geldpolitik. 8. Auflage. Oldenbourg Wissenschaftsverlag, 2003

Butterflylabs: BitForce SHA256 Mini Rig. Online im Internet: „ URL:http://www.butterflylabs.com/production-update/[Stand: 31.05.2012]", 2012

Butterflylabs: BitForce SHA256 Single Technical Specifications. Online im Internet: „ URL:http://www.butterflylabs.com/product-details/[Stand: 31.05.2012]", 2012

Butterflylabs: Butterflylabs. Online im Internet: „ URL:http://www.butterflylabs.com [Stand: 31.05.2012]", 2012

Butterflylabs, Nick W.: Butterfly Labs Announces Next Generation ASIC Lineup. Online im Internet: „URL:http://news.yahoo.com/butterfly-labs-announces-next-generation-asic-lineup-054626776.html [Stand: 15.06.2012]", 2012

BVDW: BVDW warnt Verbraucher und Händler vor Bitcoins als Zahlungsmittel. Online im Internet: „URL:http://www.bvdw.org/medien/bvdwwarnt-verbraucherundhaendlervorbitcoinsalszahlungsmittel?media=3006 [Stand: 02.02.2012]", 2011

Calacani, Jason: Bitcoin P2P Currency: The Most Dangerous Project We've Ever Seen. Online im Internet: „URL:http://www.launch.co/blog/l019-bitcoinp2pcurrencythemostdangerousprojectweveev.html [Stand: 02.02.2012]", 2011

deepbit.net: deepbit.net. Online im Internet: „URL:https://deepbit.net [Stand: 01.06.2012]", 2012

Der REGIO e.V.: Der Regio. Online im Internet: „URL:http://www.der-regio.de/cms/website.php?id=1/der-regio/idee.html [Stand: 24.01.2012]“

Dorn, Dietmar/Fischbach, Rainer/Letzner, Volker: Volkswirtschaftslehre 2: Volkswirtschaftstheorie und -politik. 5. Auflage. Oldenbourg Wissenschaftsverlag, 2010

Eberspächer, Jörg/Schollmeier, Rüdiger: First and Second Generation of Peer-to-Peer Systems. In:Peer-to-Peer and Applications. Springer-Verlag Berlin Heidelberg, 2005

Eisler, Robert: Das Geld Seine Geschichtliche Entstehung und Gesellschatliche Bedeutung. Verlag der Diatypie, 1924

Elliott, Francis/Duncan, Gary: Chancellor Alistair Darling on brink of second bailout for banks. Online im Internet: „URL:http://www.thetimes.co.uk/tto/business/industries/banking/article2160028.ece [Stand: 07.05.2012]“, 2009

Europähische Zentralbank: Manual on mfi balance sheet statistics April 2012. Online im Internet: „URL:http://www.ecb.int/pub/pdf/other/manualmfibalancesheetstatistics201204en.pdf?c3786e2dfe735c0aeabe50f7a70cd4ba [Stand: 08.06.2012]“

Ferguson, Niall: Der Aufstieg des Geldes Die Währung der Geschichte. 2. Auflage. List Taschenbuch, 2011

Friedman, Milton: Kapitalismus und Freiheit. 8. Auflage. Piper Verlag München, 2011

Gesell, Silvio: Die Natürliche Wirtschaftsordnung durch Freiland und Freigeld Gesammelte Werke Band 11 1920. Verlag für Sozialökonomie, 2009

Gischer, Horst/Herz, Bernhard/Menkhoff, Lukas: Gerld, Kredit und Banken. 3. Auflage. Springer, 2012

Hanusch, Horst/Kuhn, Thomas/Cantner, Uwe: Volkswirtschaftslehre 1: Grundlegende Mikro- und Makroökonomik. 6. Auflage. Springer Berlin Heidelberg, 2002

Heertje, Arnold/Wenzel, Heinz-Dieter: Grundlagen der Volkswirtschaftslehre. 7. Auflage. Springer Berlin Heidelberg, 2008

Herder, Raphael/Herder, Benjamin: Herders Conversations-Lexikon. 5. Auflage. Herder´sche Verlagsbuchhandlung, 1857

Herodot: 9 Bücher zur Geschichte. 3. Auflage. Marixverlag, 2011

Heuss, Ernst: Grundelemente der Wirtschaftstheorie. Eine Einführung in das wirtschaftstheoretische Denken. 2. Auflage. Vandenhoeck + Ruprecht, 1998

Keynes, John Maynard: Allgemeine Theorie der Beschäftigung, des Zinses und des Geldes. 11. Auflage. Duncker & Humbold Berlin, 2009

Kolivas, Con: CGMINER GPU FPGA overclock monitor fanspeed GCN RPC linux/windows/osx 2.4.3. Online im Internet: „URL:https://bitcointalk.org/index.php?topic=28402.msg357369#msg 357369 [Stand: 19.06.2012]", 2012

Lober, Andreas: Millionenverdienst in virtueller Welt. Online im Internet: „URL:http://www.heise.de/newsticker/meldung/Millionenverdienst-in-virtueller-Welt-124388.html [Stand: 08.06.2012]", 2006

Mankiw, N. Gregory: Makroökonomik: mit vielen Fallstudien. 4. Auflage. Schäffer-Poeschel Stuttgart, 2000

MindArk: Entropia Universe. Online im Internet: „URL:http://www.entropiauniverse.com/[Stand: 06.04.2012]"

Nakamoto, Satoshi: Bitcoin: Bitcoin P2P e-cash paper. Online im Internet: „URL:http://www.mail-archive.com/cryptography@metzdowd.com/msg09959.html [Stand: 02.02.2012]", 2008

Nakamoto, Satoshi: Bitcoin open source implementation of P2P currency. Online im Internet: „URL:http://p2pfoundation.ning.com/forum/topics/bitcoin-open-source [Stand: 07.05.2012]", 2009

Nakamoto, Satoshi: P2P Foundation. Online im Internet: „URL:http://p2pfoundation.ning.com/profile/SatoshiNakamoto [Stand: 07.05.2012]", 2009

Neubäumer, Renate/Hewel (Hrsg.), Birgit: Volkswirtschaftslehre: Grundlagen der Volkswirtschaftstheorie und Volkswirtschaftspolitik. 5. Auflage. Gabler Verlag, 2011

North, Michael: Kleine Geschichte des Geldes. Verlag C.H. Beck, 2009

Pramateftakis, Joachim Swoboda Stephan Spitz Michael: Kryptographie und IT-Sicherheit. 1. Auflage. Vieweg+Teubner Verlag, 2008

Regiogeld e.V.: Regiogeld. Online im Internet: „URL:http://www.regiogeld.de/home.html [Stand: 08.06.2012]", 2012

Reichholf, Josef: Warum die Menschen sesshaft wurden. 3. Auflage. Fischer E-Books, 2010

Richard Heller: Algorithmen zur Erkennung von topologisch zusammenhängenden Räumen. Online im Internet: „URL:https://www.matse.rz.rwth-aachen.de/dienste/public/show_document.php?id=7265 [Stand: 08.06.2012]", 2009

Rothengatter, Werner/Schaffer, Axel/Spring, Joachim (Hrsg.): Makroökonomi, Geld und Währung. 1. Auflage. Physica-Verlag HD, 2008

Samuelson, Paul A./Nordhaus, William D.: Volkswirtschaftslehre. 15. Auflage. Redline Wirtschaft by Ueberreuter, 1998

Scherff, Jürgen: Grundkurs Computernetzwerke. 2. Auflage. Viewg + Teuber Verlag, 2010

Schurman, Kyle (Hrsg.): Bitcoin: Free Money or Fraud. 1. Auflage. Hyperink BitCoin Mining Money eBook, 2011

Sites, Top 500Supercomputer: TOP500 List - November 2011 (1-100). Online im Internet: „URL:http://www.top500.org/list/2011/11/100 [Stand: 04.06.2012]", 2011

Spahn, Heinz-Peter: Geldpolitik Finanzmärkte, neue Makroökonomie und zinspolitische Strategien. 2. Auflage. Verlag Franz Vahlen GmbH, 2009

Stöcker, Christian: Hacker-Währung Bitcoin Geld aus der Steckdose. Online im Internet: „URL:http://www.spiegel.de/netzwelt/netzpolitik/hacker-waehrung-bitcoin-geld-aus-der-steckdose-a-765382.html[Stand: 18.05.2012]", 2011

Tolkmitt, Volker: Neue Bankbetriebslehre: Basiswissen zu Finanzprodukten und Finanzdienstleistungen. 2. Auflage. Gabler Verlag, 2007

Walker, Karl: Geld in der Geschichte. Nikol Verlag, 2009

Wikileaks: donate. Online im Internet: „URL:http://shop.wikileaks.org/donate [Stand: 08.06.2012]", 2012

Zeit online: Second Life Second Life Im zweiten Leben reich geworden. Online im Internet: „URL:http://www.zeit.de/2007/02/Portraet-SL-Chung/seite-1 [Stand: 08.06.2012]", 2007

www.ingramcontent.com/pod-product-compliance
Lightning Source LLC
LaVergne TN
LVHW080118070326
832902LV00015B/2664